承德博物馆

CHENGDE MUSEUM

承德博物馆　编

文物出版社

图书在版编目（CIP）数据

承德博物馆 / 承德博物馆编. --北京：文物出版
社, 2022.5
　　ISBN 978-7-5010-7106-7

　　Ⅰ. ①承… Ⅱ. ①承… Ⅲ. ①博物馆—历史文物—承
德—图录 Ⅳ. ①K872.223.2

　　中国版本图书馆CIP数据核字（2022）第040035号

承德博物馆

编　　者：承德博物馆

责任编辑：窦旭耀
封面设计：王　震
责任印制：张道奇

出版发行：文物出版社
社　　址：北京市东城区东直门内北小街2号楼
邮　　编：100007
网　　址：http://www.wenwu.com
经　　销：新华书店
印　　刷：北京荣宝艺品印刷有限公司
开　　本：889mm×1194mm　1/16
印　　张：14.5
版　　次：2022年5月第1版
印　　次：2022年5月第1次印刷
书　　号：ISBN 978-7-5010-7106-7
定　　价：280.00元

《承德博物馆》编辑委员会

编 委 会 主 任　孙继新

编委会副主任　韩　利　张　炜　丁　磊

主　　　编　孙继新

执 行 主 编　韩　利　李建红　李　然

撰　　　稿　李建红　丁艳飞　汪　笑　李　然

　　　　　　周江波　刘思洋　李肖然　刘　娜

　　　　　　刘青婵　芮景淳　王　颖　张浩博

摄　　　影　王　强　王　震

目 录

序

　　塞外的初秋，爽风习习。一支马队伴随着踢踏声，打破山谷中的宁静。队伍登上一处高地，为首之人举手示意，队伍骤停。纵目远眺，奇峰峻岭，苍然叠翠，开阔处，绿草如茵，暖溜蒸腾。他不禁仰目苍穹，目光中流溢出睿智与刚毅，仿佛要透过天际，眺望北方那个马背上的龙沙牧族。顷刻，他的脸上露出一丝不易察觉的笑容。他坚毅而果敢地抬起手中的马鞭指向山下："就于此地，肇建行宫。"

　　这是发生在三百年前的一幕。这为首之人就是开创了一代盛世伟业的康熙大帝。这个决策不仅改变了一个村落的命运，也为康熙旷达的品性、强健的人格增添了浓重的一笔。岁月悠悠，红尘茫茫，一段历史的因缘就这样伴随着避暑山庄与周围寺庙，伴随着因之而兴的城市，走进了我们的今天。

　　承德，首批国家历史文化名城之一，是连接京、津、冀以及辽宁、内蒙古的重要节点。实际上，承德作为一个显著地标在中华文明史上占有一席之地，始于18世纪上半叶。有清一代将这里打造成为清王朝的第二个政治中心。这里见证了多元一体中华民族的巩固和壮大，见证了我国统一多民族国家的巩固和发展，留下一段"合内外之心，成巩固之业"的历史华章。作为享誉世界的文化遗产，承德避暑山庄及周围寺庙堪称历史文化的宝库、民族团结的丰碑，跨越时空，历久弥新。

　　2021年8月24日，习近平总书记参观考察了避暑山庄、普宁寺、承德博物馆。在承德博物馆参观考察"望长城内外——清盛世民族团结实录"展览时，总书记深刻阐明了民族团结文化的借鉴价值与启迪意义：我国是统一的多民族国家，在漫漫历史长河中形成了多元一体的中华民族。经过全党全国各族人民持续奋斗，我们实现了第一个百年奋斗目标，在中华大地上全面建成了包括少数民族和民族地区在内的小康社会。实践充分证明，只有中国共产党才能实现中华民族的大团结，只有中国特色社会主义才能凝聚各民族、发展各民族、繁荣各民族。要坚持中国共产党领导，坚持走中国特色解决民族问题的正确道路，全面贯彻党的民族理论和民族政策，不断巩固和发展平等团结互助和谐的社会主义民族关系。鉴往知来，总书记充满自信："在党的领导下，我们56个民族、14亿多人和睦共生，更加坚强地屹立于世界民族之林。"

时至今日，清代帝王系列的治边、筹藏方略仍然对我们有重要的现实指导意义。深入研究和挖掘避暑山庄文化，讲述建筑园林背后的故事，对于我们创建国际化旅游城市的目标，深化博物馆宣传教育功能，起到重要的借鉴与指导作用。

"古人不见今时月，今月曾经照古人"。以铜为鉴，可以正衣冠；以史为鉴，可以知兴替；以人为鉴，可以明得失。为深入贯彻落实习近平总书记在承德参观考察的重要指示精神，承德博物馆特编辑此图录享于读者，并向党的二十大献礼。让我们跟随习近平总书记的脚步，走进承德博物馆，探寻岁月的印记，感悟历史的启迪。了解避暑山庄及周围寺庙文化，了解清代民族关系发展和多措并举维护民族团结、边疆稳定、国家统一的史实，感知"合内外之心，成巩固之业"的历史佳话。

承德博物馆馆长　孙继新

概　述

　　承德市地处河北省东北部，是连接京津冀辽蒙的重要节点，其"左通辽沈，右引回回，北控蒙古，南制天下"，具备独特的区位优势。这种区位优势使承德市在中国历史发展中成为农耕、游牧文明交汇之处，多元民族文化融通之地：5000 年的红山文化、300 年的避暑山庄文化在此纵贯古今，汉、匈奴、乌桓、鲜卑、库莫奚、契丹、突厥、蒙古等各民族的经济文化在此消长成熟。特别是清代以来，历史发展的轨迹使承德成为清王朝的第二个政治与宗教中心，集中华园林艺术、古代建筑艺术和佛教文化之大成。承德的历史在碰撞与交融中衍生、发展，奠定了民族团结的文化因子，也铸成了多元融合、包容开放的深厚文化底蕴。

　　承德博物馆就是承载着承德如此厚重深沉历史文化特色的现代化综合博物馆，她以"承德市重大文化工程、重大民生工程、重大民族团结示范工程"为目标，由国家、省、市财政拨款 4.16 亿元，于 2016 年 3 月启动，2019 年 9 月竣工。自此，承德市城市文明的延绵发展有了重要平台，承德历史文化的展示大幕被徐徐拉开，承德人为之欢呼，为之津津乐道。

　　博物馆选址于避暑山庄和周围寺庙景区的中心，位于狮子沟桥交通节点的东北角，与周边的众多著名文物古建形成一种"看与被看"的对位关系。建筑设计风格沿袭承德古建筑朴实自然、沉稳大气的传统，使用承德避暑山庄和周围寺庙的建筑设计手法，在提取古建元素的同时，在图形和构造上运用现代手法和形式，为其注入时代气息，尊重历史而又保持张力，巧妙地将周边的古建景观植入博物馆建筑中，二者交相呼应、相得益彰，与充满皇家气象的城市性格相一致，成为一处承德文旅新地标。

　　承德博物馆总占地面积 54088 平方米，总建筑面积 25163 平方米。包括展馆区和办公区两大部分，由一栋主体建筑、两栋配套建筑以及室外工程组成。展馆区地下、地上各一层（局部2层），按功能划分为展厅、文物库房、文化讲堂、多功能厅、阅览室、接待室、非遗工作坊、文创品展示中心及休息厅、安检区、存包处等公共服务空间。还设有现代艺术展廊、室外展场和休闲餐饮茶座，为民众提供更多的参与场地，使其焕发更大活力。

为了全面、系统地展示承德地域博大精深的文化内涵，在深入挖掘多元文化特点及馆藏品特色的同时，博物馆围绕"以观众为本，让文物来说话"的办展原则与理念，举办推出了系列展览，展出精品文物近700件。其中地上一层展厅设置基本陈列两个："文明·交流·融合·发展——和合承德从远古走来""避暑山庄——一座承载盛世传统文化的古典园林"，展览面积2000余平方米，集中展示了承德从石器时代绵延至今的历史及古建园林艺术。临时展厅两个，展览面积共700平方米，展厅环境设计简洁，以浅色调为主，这里曾与故宫博物院、沈阳故宫博物院等国家一级博物馆联合举办"庆祝紫禁城建成600年——须弥福寿：当扎什伦布寺遇上避暑山庄""玉寓吉祥——馆藏玉器展"等临时展览，使观众在了解清宫文化的同时，感受到浓浓的艺术气息。

地下一层展厅设置基本陈列展览"望长城内外——清盛世民族团结实录""凝固的时光——清代帝后生活展""清宫秘藏——藏汉合璧的佛教艺术珍品展"。三个展览面积近2000平方米，于2019年度以"'和合承德'——清盛世民族团结展"为题，联合申报并荣获"第十七届全国博物馆十大陈列展览精品推介精品奖"。此展览以民族团结为主题，全面阐述了木兰秋狝、避暑山庄及周围寺庙在我国团结统一进程中所起到的重要作用、意义及相关历史史实，表现和阐释民族团结历史的源远流长，以及清代为维护民族团结作出的贡献。

地下一层还设有书画展厅，展览面积258平方米，曾先后举办"满韵丹青——

于岱岩捐赠书画作品展"“苍松不语古意浓——刘爱民先生御苑松歌艺术主题展”，为热爱承德以及热爱家乡文化的本地书画家提供了艺术展示平台。

历史镜鉴现实，它不仅仅属于其创造者，也属于每一个人的眼睛和心灵。承德博物馆精心筹办的展览，如同一道道饕餮盛宴，在芳香四溢中享于观者。开馆以来，共接待国内外观众 15 万余人次，获得本地市民、外地游客、专家学者、相关领导的一致好评。作为观众与历史沟通的桥梁、纽带，承德博物馆设置"学史研史阅览室"“文津书房"，并面向大众开放。开办"鹿鸣讲堂"，延请知名专家和本系统专业人员进行线上线下授课。先后与河北民族师范学院、河北旅游职业学院建立了合作框架。本市的中小学校、幼儿园也组织了"小小志愿者"，活跃于各展厅中。文物库房建立藏品保护修复室，派员参与普陀宗乘之庙唐卡科技保护修复项目。2020 年，承德博物馆被命名为"河北省民族团结进步教育基地"；2021 年，被命名为"河北省社会科学普及基地"。

"不忘历史才能开辟未来，善于继承才能善于创新"。承德博物馆在开馆以来，虽然取得一些成绩，但仍有很多不足，仍要与时俱进，拼搏创新，努力前行，在今后的文博工作中，要"围绕实现中华民族伟大复兴做好研史学史工作，整合历史研究资源和力量，提高研究水平和创新能力，更好总结历史经验、揭示历史规律、把握历史趋势"。要让收藏在禁宫里的文物、陈列在广阔大地上的珍贵遗产、书写在古籍里的文字都活起来，使其更加生动地呈现在每一位观众面前，走进人们的心灵深处……

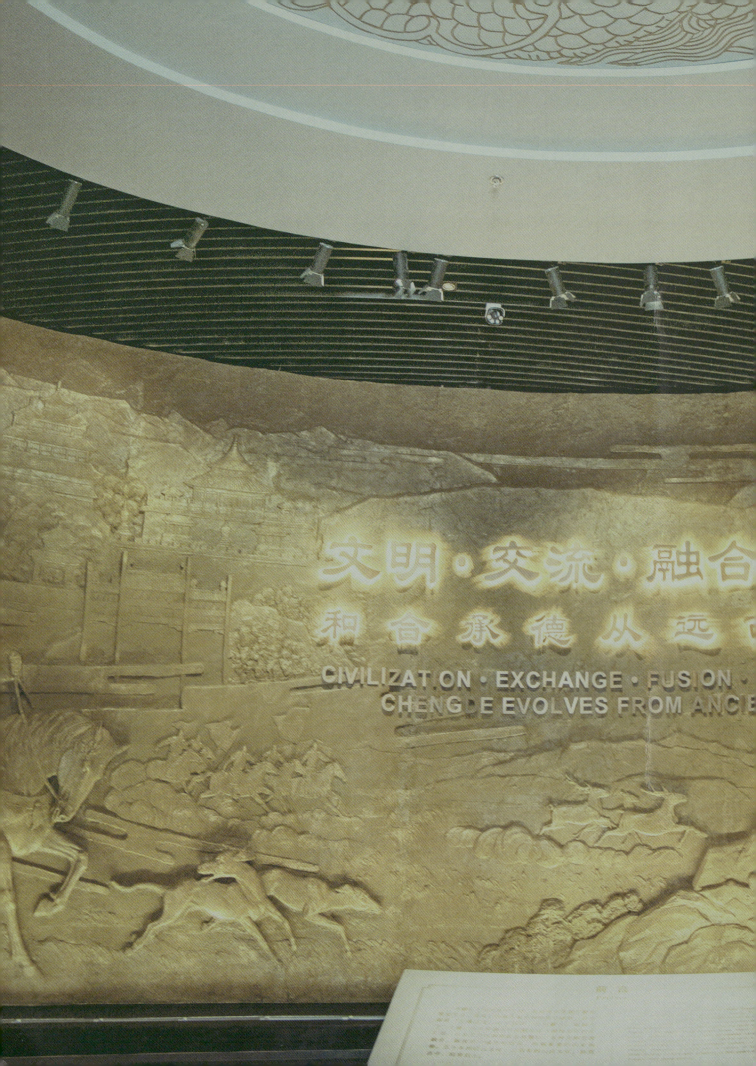

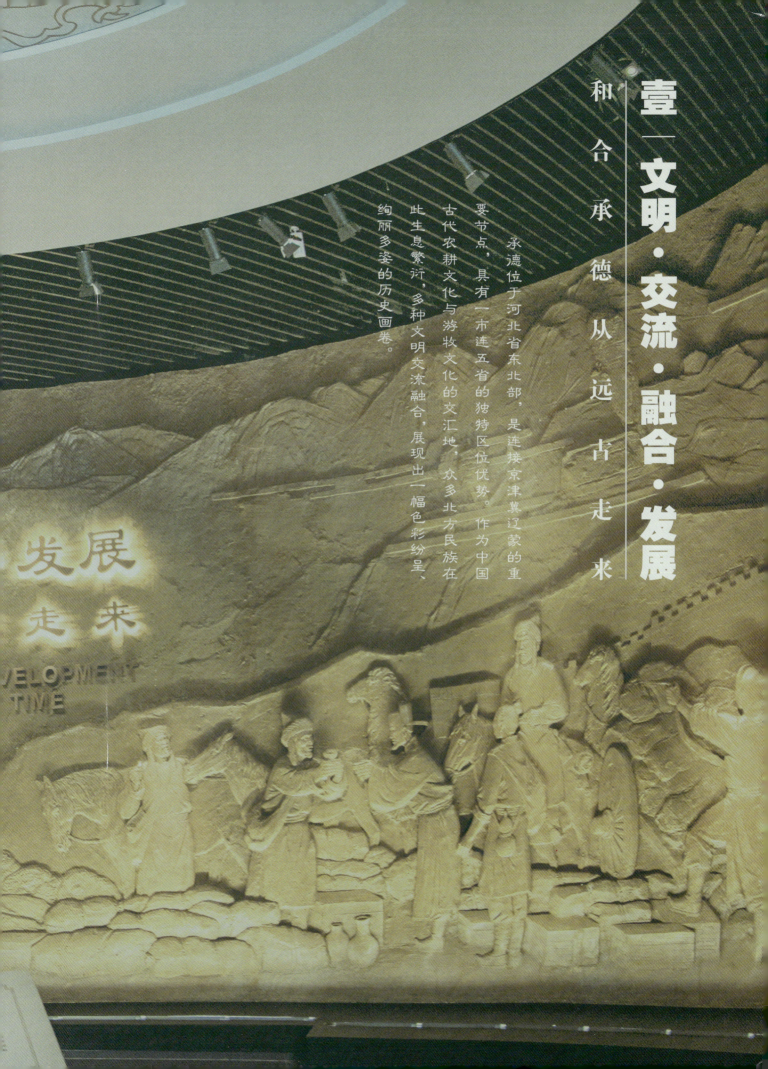

壹 文明·交流·融合·发展

和合承德 从远古走来

承德位于河北省东北部，是连接京津冀辽蒙的重要节点，具有一市连五省的独特区位优势。作为中国古代农耕文化与游牧文化的交汇地，众多北方民族在此生息繁衍，多种文明交流融合，展现出一幅色彩纷呈、绚丽多姿的历史画卷。

发展
走来
VELOPMENT
TIME

第一部分

塞北古地　民族交融
多　元　文　明　的　形　成

　　承德地跨燕山南北，境内自旧石器时代起，历史延绵不断，重要文化遗产保存丰富。先后有山戎、东胡、匈奴、乌桓、鲜卑、奚、契丹、女真、蒙古、满族等多个民族在此繁衍生息，众多民族智慧创造出辉煌的古代文明，为统一多民族国家的形成与发展作出了卓越贡献。

承德地区山脉示意图

燕山山脉

一 锦绣河山 远古遗存——史前文化时期

　　承德地处燕山余脉低山丘陵地区，东经 115° 55′ — 119° 15′，北纬 40° 11′ — 42° 40′，平均海拔 350 米，是寒温带向暖温带过渡的地域，属半干旱半湿润、大陆性季风型山地气候，为古生物和古人类的生存提供了有利的自然条件。承德境内古生物遗存和石器时代人类文化遗存丰富，是中国北方早期文明的重要发源地之一。

承德四方洞遗址

化子洞遗址

展厅内景

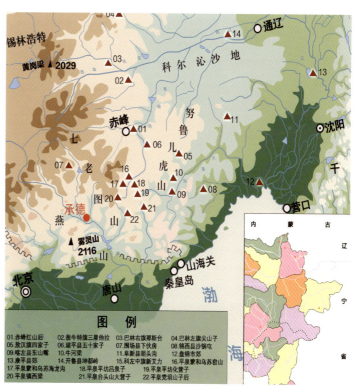

红山文化遗址分布图

圆雕石刻女神像

新石器时代 红山文化
肩宽 10.7 厘米，通高 29.4 厘米
兴隆县六道河镇杨树沟村出土

雕像采用辉绿岩磨制而成，裸体，体型微胖，无
发，双眉粗隆，上身略长。粗糙的裸体女神像，
反映了当时的生殖崇拜信仰，体现出新石器时代
母系氏族社会以女性为尊的历史面貌，具有极高
的学术研究价值，被史学界称为"东方维纳斯"。

椭圆柱形半圆刃石斧

新石器时代
长 9.3 厘米，宽 2 厘米，厚 0.4 厘米
兴隆县北营房镇出土

整体近似长条形，中部略宽，斧尖宽于斧尾。主色为青褐色，斧身呈现多条不同颜色的竖条纹，表面温润，磨制平整光滑，由硬质石头打制而成。

石耜

新石器时代 红山文化
长 26 厘米，宽 14.5 厘米
滦平县虎什哈镇后山出土

长条舌形，两面磨制光滑，精细，刃圆弧形。耜肩部有打制痕迹。可以固定在木柄上，为农业生产工具。

花岗岩石斧

新石器时代 红山文化
长 12.9 厘米，宽 8.6 厘米
滦平县付营子乡青石垛村出土

石斧通体磨制，上宽下窄，两面刃，刃锋利，
横断面为椭圆形。有使用痕迹，为农业工具。

半圆形身圆刃石匕

新石器时代
长 10.5 厘米，宽 7.2 厘米
兴隆县北营房镇出土

二　华戎交错　青铜文明——夏商至春秋战国

夏商周时期，承德地区活跃着山戎和东胡等少数民族，不断与中原华夏民族发生交流、冲突、融合，共同铸就了中国历史上辉煌的青铜文明。春秋战国时期，承德地属燕国，在燕国统治下，承德得到了初步开发。

展厅内景

亚牧鼎

商（约前 16—前 11 世纪）

口径 12.2 厘米，通高 17 厘米

丰宁县黄旗镇二道桥子村黄土沟内出土

商代青铜礼器。侈口、立耳、鬲腹、柱足，颈有两
条弦纹，素面。鼎内壁阴刻图饰释"亚牧"。考古
学者认为是一族徽或国徽。

"的"字形夹砂灰陶鬲

商（约前 16—前 11 世纪）
口径 14 厘米，腹径 17.8 厘米，足高 3.7 厘米，
通高 17.5 厘米
隆化县头沟镇布施营西沟门出土

镂空触角形首扁圆茎覆盆式格柱脊短剑

春秋（前 770—前 476 年）

茎首长 11 厘米，通长 23.5 厘米

隆化县太平庄乡小黄旗东坡出土

黄铜质。镂空触角形首，首部一周两排三角形相对的
透孔，扁圆茎，茎中部一横向穿孔，茎身铸细条状纹
饰，覆盆式格，格部与首部透孔相同，略小，圆柱脊，
剑锋和刃不是原形，在出土后曾被磨制使用。

云棱短骹宽翼青铜矛

西周（约前 11 世纪—前 771 年）

长 21.2 厘米，骹口 3×2.1 厘米

兴隆县小河南村出土

青铜环形柄手削刀

东周（前 770—前 256 年）

残长 16.7 厘米，最宽 3.2 厘米

燕北长城示意图
DIAGRAM OF THE GREAT WALL OF YAN BEI BOUNDARY

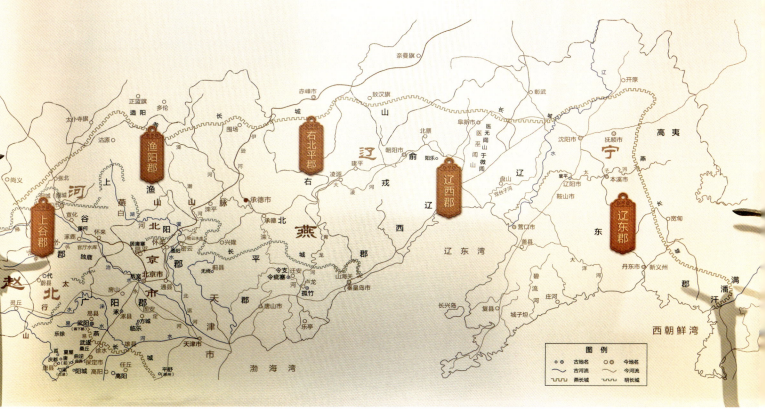

燕北长城示意图（据阎忠：《燕北长城考》，《社会科学战线》1995 年第 2 期）

　　燕北长城是战国时最后出现的一条长城，所经之地，约自今河北省张家口东北行经内蒙古多伦、独石，又东经河北省围场、辽宁朝阳等地，至今这些地区有的还保存有燕长城的遗迹。

承德地区战国古城址一览表

所属县	名称
丰宁满族自治县	发电站后梁古城遗址
	上下十八亩地古城遗址
	石柱子梁古城遗址
围场满族蒙古族自治县	朝阳湾小拨古城遗址
	克勒沟二道梁燕明刀币窖藏遗址
	岱尹城古城址
	岱尹梁顶东西两个古城遗址
	红碰子沟门古城遗址
	惠汉古城遗址
	十五号烽火台遗址
	九号村古城遗址
	棋盘山古城遗址
	小城子梁古城遗址
	城子村古城遗址

三　域内一统　置府安防——秦汉至隋唐

　　秦汉时期，由于独特的地理位置，承德成为北方游牧民族南下中原的重要通道。为防止匈奴的侵扰，秦汉两代均兴建了长城烽燧。围绕着长城的修建及屯兵戍边的需要，承德境内的古城镇也由此兴起。魏晋南北朝至隋唐时期，北方少数民族逐鹿中原，与汉民族进一步交流融合。

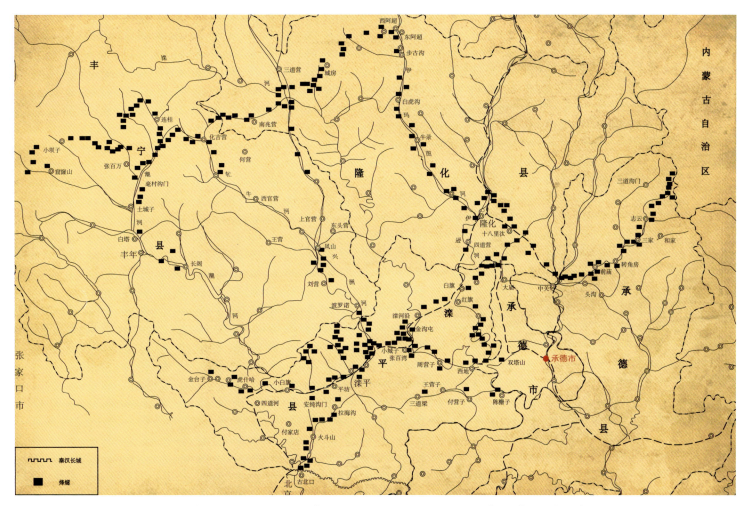

承德地区汉代长城与烽燧分布示意图（据《承德地区汉代长城与烽燧调查》，《文物春秋》2006 年第 3 期）

秦权

秦（前221—前207年）

高19厘米，底径24厘米

铁质。权呈半圆形状，顶部微平，有一弧形纽，底部
有一圆孔，圆孔内附一铁锭。权通体用李斯小篆阴刻
秦始皇诏书："廿六年，皇帝尽并兼天下诸侯，黔首
大安，立号为皇帝，乃诏丞相状、绾，法度量则不壹，
歉疑者皆明壹之。"权体完整，诏书字迹清晰。

玄武朱雀博山炉

汉（前 202—220 年）
通高 22.5 厘米
隆化县馒头山汉墓出土

博山炉是香炉的一种。此炉盖雕镂成山峦形，山峰间有孔，熏香点
燃后，烟从孔中冒出。炉柄、底座雕铸成朱雀、玄武，颇具匠心。
隆化县馒头山汉墓发现于 1974 年，墓中随葬品有玄武朱雀博山炉、
"大高"铜锭、蟠螭纹行灯、"东宫""卿可长乐"羽人白虎纹行灯、"大
高"铜钟、"大高"铜沐盘、鎏金铺首衔环等。根据诸多带有"大高"
字样的文物以及"东宫"铭文，再依据出土器物的形制与组合分析，
墓主人应是汉王朝居于当地的高姓贵族官僚。

镂空同心结纹温炉

汉（前202—220年）

口径长 16.5 厘米，宽 10.4 厘米，高 11 厘米

隆化县馒头山汉墓出土

大高铜钟

汉（前 202—220 年）

高 45.5 厘米，口径 19.3 厘米，底径 21 厘米

隆化县馒头山汉墓出土

青铜质。敞口、束颈、圆肩、鼓腹，最大腹径在腹中部，圈足。自肩部至腹下有三道横带，横带上原有镶嵌物，现已剥落。中上横带阴刻汉隶铭文八字"大高铜锺一容十斗"。该器物为研究汉代度量衡制度提供了实物资料。

泰常五年铜造像

北魏泰常五年（420 年）
座高 4.5 厘米，宽 2.4 厘米，通高 11 厘米
隆化县四道营乡四道营村出土

铜质。佛像素体，结跏趺坐于长方座上，身略前倾，禅定印置于胸前，佛面方硕，微笑慈祥。高肉髻，身披圆领通肩大衣，衣纹自两肩向胸前下垂，袖端舒展覆盖于双膝之上。座前两侧各立一蹲狮，后颈部镶嵌圆形背光。背光阴刻"李翟手用（铜）四斤泰常五年五月五日佛弟子刘惠造弥勒佛像"。此像是研究北魏时期佛教造像的重要实物资料。

双耳铁釜

北魏（386—534 年）

口径 23.4 厘米，腹径 25.4 厘米，高 32.6 厘米

海兽葡萄纹铜镜

唐（618—907 年）

直径 12.3 厘米

圆形，背面伏兽纽，整体以高浮雕葡萄纹为主题纹饰。中间一圈凸弦纹将镜背纹饰分为内外两区，外区饰葡萄枝蔓、蜂蝶雀鸟等图案。内区饰葡萄枝蔓，高浮雕四只海兽同向环绕镜纽，身体扭动，憨态可掬。镜缘饰一圈变形卷云纹。

鎏金狮纽"契丹节度使印"

唐（618—907 年）

印面边长 6.4 厘米，宽 6 厘米

龙泉青釉三足炉

南宋（1127—1279 年）

口径 13.5 厘米，腹径 15.5 厘米，高 11.7 厘米

此炉造型仿青铜鬲，因此又称鬲式炉。通体施
青绿色釉，三足底部显露酱黄色，是龙泉窑的
上乘佳作。

四　弦控塞北　州城拱卫——辽、金、元、明

　　宋辽金三代，承德地区为契丹、蒙古、女真与汉民族聚居地。北宋欧阳修曾游历于此，留有"儿童能走马，妇女亦弯弓""合围飞走尽，移帐水泉空"的诗句。到了明代，承德原属北平府，置兴州五卫；永乐七年（1409 年），将大宁三卫的军垦土地（承德一带）赐予蒙古兀良哈部为游牧区，归喀喇沁部管辖。

辽帝在承德域内捺钵活动简表

时间	地点	皇帝	活动
天显十一年（936年）	土河	耶律德光（辽太宗）	钓鱼
天显十二年（937年）	平地松林	耶律德光（辽太宗）	观潢水源
会同九年（946年）	土河	耶律阮（辽世宗）	钓鱼
保宁三年（971年）	平地松林 辽河之源	耶律贤（辽景宗）	狩猎
统和十五年（997年）	土河	耶律隆绪（辽圣宗）	钓鱼
统和二十三年（1005年）	马盂山	耶律隆绪（辽圣宗）	狩猎、比武
开泰七年（1018年）	土河川	耶律隆绪（辽圣宗）	驻跸
开泰八年（1019年）	土河川	耶律隆绪（辽圣宗）	驻跸
开泰九年（1020年）	马盂山	耶律隆绪（辽圣宗）	射猎
太平元年（1021年）	马盂山	耶律隆绪（辽圣宗）	射猎
重熙二十一年（1062年）	北安洲	耶律宗真（辽兴宗）	观击鞠、猎
清宁七年（1061年）	滦河	耶律洪基（辽道宗）	秋捺钵

辽帝在承德域内捺钵活动简表

展厅内景

茶叶末釉鸡腿瓶

辽（916—1125 年）

口径 10 厘米，底径 13 厘米，高 69 厘米

瓶身细高，形似鸡腿，以茶叶末釉为装饰，肩部刻有铭文。鸡腿瓶由契丹人发明，最初是储藏和运输水的器物，其修长的瓶身可系背带，不易脱落，小口装水不易外洒，长腹硕肩盛水较多。为了增加瓶身的稳定性，鸡腿瓶底足较厚。在辽代墓葬的壁画中，常见"契丹人"使用鸡腿瓶背水的画面。

银覆面

辽（916—1125 年）

长 19.4 厘米，宽 16.5 厘米

平泉县黑山口乡南三家村出土

覆面轮廓清晰，双唇抿合，神态安详。耳下及鬓两侧有孔，可系结。覆面俗称盖脸、面具，是契丹贵族的葬具，意在保护死者的面容。在死者脸上罩金属覆面是契丹族颇为独特的一种葬俗。

泥质篦纹灰陶壶

辽（916—1125 年）

口径 7.1 厘米，底径 9 厘米，腹径 15 厘米，高 24.2 厘米

隆化县西阿超公社安家窝铺出土

石雕降龙罗汉像

辽（916—1125 年）
高 59 厘米，宽 26 厘米，厚 13 厘米

整块青灰色鹦鹉石雕刻成降龙罗汉，深目、高鼻、大耳，身穿右衽长袍，身后有半截龙纹，前部残缺不全。此罗汉像原供于承德市双塔山辽塔中，是一件辽代石雕佛像标准器物。

青铜烧酒锅

金（1115—1234 年）
口径 28 厘米，通高 41.5 厘米
青龙县土门子镇出土

1975 年 12 月，河北省青龙县土门子出土一套金代烧酒锅。
青铜材质，整体由桶状冷却器与甑锅套合组成，并有排水
流和出酒流，和现代白酒的原理是一致的。此锅的发现，
将我国用蒸馏法烧酒的技术提前了一个时代，说明早在金
代我国已拥有臻于完善的自制蒸馏酒用器，为我国蒸馏法
烧酒的历史研究提供了实物依据。

铜权

元（1271—1368 年）

高 10.3 厘米

铜权为称重量之用，元代度量衡器，一律由官府制造。此权体呈亚腰圆柱体，腹下为圆形台阶式底座，上有铭文"南京"、"皇甫"。

磁州窑瓷缸

元（1271—1368 年）

通高 23.5 厘米，口径 16.8 厘米

直口，短颈，丰肩，圆腹下收，圈足。外壁
通体白地黑花装饰，内壁施酱色釉。肩部绘
缠枝菊纹，肩以下至足部绘有龙凤纹。腹部
描绘有主题图案，一面绘海浪、涡纹，一面
绘一个穿肚兜的孩童手拿一枝花站立在花丛
间，表情生动，娇憨可爱。磁州窑瓷器装饰
图案的率真、粗犷体现了民窑的特色。

落日余辉——砖石长城的终结

　　从战国燕北最初修的长城到明代万里长城，无不在承德留下深刻的印记。承德境内的长城是中原汉民族与北方少数民族碰撞交流的有力见证。作为军事防御工程的长城随着时代的发展已逐渐退出了历史的舞台，但它作为中华民族文明的象征，却依旧在今天散发着耀眼的光彩。

明代长城

第二部分

清代陪都 和合发展
城 市 文 化 的 兴 盛

康熙四十二年（1703 年），康熙帝谕建避暑山庄；雍正元年（1723 年）设立热河厅，十一年（1733 年）改为承德州，始有承德之名；乾隆四十三年（1778 年）成立承德府，管辖热河境内各级行政机关。在康、雍、乾三朝的精心经营下，承德皇家文化氛围浓厚。避暑山庄和外八庙的建立，奠定了承德城市的基础，造就了承德的繁荣与兴盛。

展厅内景

一 清帝北巡和口外行宫

　　1616年，努尔哈赤统一女真各部，建国大金（史称后金）；1636年皇太极即皇帝位，改国号为大清。1644年，清军大举入关，定都北京。早在努尔哈赤时期，满族统治者就意识到结盟蒙古诸部的重要性，皇太极继承并发展了努尔哈赤的方略，通过征伐、宴赏、册封、和亲等手段获取蒙古诸部的支持，"慑之以兵，怀之以德"。到了顺治时期，延续对蒙古部族的威慑和怀柔政策，开启了清朝皇帝北巡蒙古的历程。

八旗盔甲展示

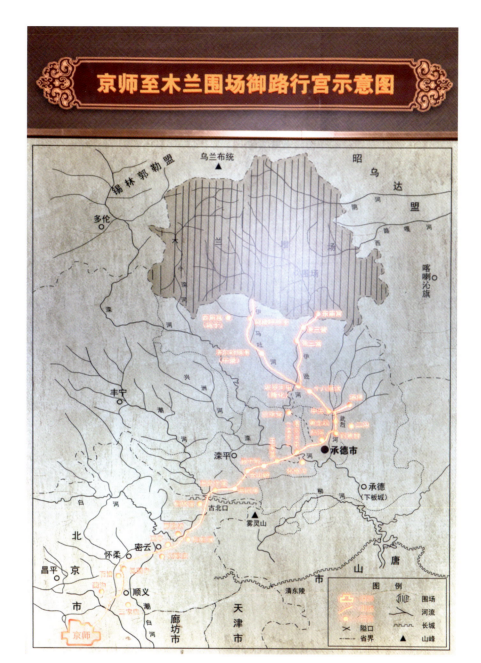

京师至木兰围场御路行宫示意图

（据陈宝森：《承德避暑山庄外八庙》，中国建筑工业出版社，1995 年）

二　承德州府的建置沿革

康熙四十二年（1703 年），清廷设立热河行宫总管。雍正元年（1723 年）设立热河厅。雍正十一年（1733 年）撤销热河厅，升为承德州。乾隆七年（1742 年）撤销承德州，分别设立热河厅、喀喇河屯厅。乾隆四十三年（1778 年）改热河厅为承德府。

三　塞外都会聚民至万家

在避暑山庄兴建之前，承德地区人烟稀少，本是蒙古部族游牧之地。随着避暑山庄的兴建，各地居民陆续迁来，至乾隆朝中期，俨然已"闾阎日以富，耕桑日以辟，至于今将百年，屹为都会"，带动了商业贸易和手工业的发展，促进了承德经济的发展。

热河老街场景再现

热河老街场景再现

热河老街场景再现

四　多元文化铸就承德之魂

　　清朝统治者承袭明制，尊儒重道，敕建文庙，开启民智，同时民间寺庙众多，体现出多元文化的相互融合，构建着承德城市的灵魂之所在。

文庙礼器

乾隆款铜簋，口径 15.3 厘米，足径 14 厘米

乾隆款铜豆，口径 15.8 厘米，足径 14.7 厘米

乾隆款铜爵，通长 17 厘米，通宽 7 厘米

乾隆款铜簠，通宽 17.4 厘米，耳距 27.6 厘米

五　嘉庆至咸丰时的延续

　　道光二十年（1840 年），西方列强用坚船利炮轰开了中国的大门。鸦片战争后，中国沦为半殖民地半封建国家，清朝的统治逐渐走向没落。辛酉政变后，避暑山庄整修工程全部停止。1861 年 10 月，清廷发布谕旨："谕内阁，热河避暑山庄停止巡幸已四十余年，所有殿亭各工，日久未修，多已倾圮，上年我皇考大行皇帝举行秋狝，驻跸山庄不得已于各处紧要工程稍加葺治，现梓宫已奉回京，朕奉两宫亦已旋跸，所有热河一切未竟工程，著即停工。"承德作为因避暑山庄而兴建的城市，也随着清王朝的衰落而沉寂下来。

道光帝朝服像

第三部分

玉汝于成　绿色崛起

生 态 承 德 的 铸 就

1929年建热河省，承德为热河省省会，历经第一次国内革命战争、抗日战争和解放战争的洗礼，谱写下光耀千秋的热河革命史。1955年热河省建制撤销，承德市划归河北省，为省辖市。在中共河北省委、河北省人民政府领导下，承德市积极开展社会主义建设，进行全面的改革开放，社会发展日益进步，人民生活日益向好。党的十八大以来，承德市委、市政府坚持以习近平新时代中国特色社会主义思想为引领，深入贯彻落实新的发展理念，加快推进"生态强市、魅力承德"战略目标建设，为"美丽中国"贡献承德力量。

热河革命史展区

打造生态强市

塞罕坝，地处河北省承德市围场北部、内蒙古浑善达克沙地南缘。历史上这里森林茂密。经历清末开围、民国战乱、日军侵略，至新中国成立初年，塞罕坝千里松林砍伐殆尽，美丽高岭变成了荒山秃岭。

55年来，河北塞罕坝林场的建设者们听从党的召唤，在"黄沙遮天日、飞鸟无栖树"的荒漠沙地上艰苦奋斗、甘于奉献，创造了荒原变林海的人间奇迹，用实际行动诠释了绿水青山就是金山银山的理念，铸就了"牢记使命、艰苦创业、绿色发展"的塞罕坝精神。他们的事迹感人至深，是推进生态文明建设的一个生动范例。全党全社会要坚持绿色发展理念，弘扬塞罕坝精神，持之以恒推进生态文明建设，一代接着一代干，驰而不息，久久为功，努力形成人与自然和谐发展新格局，把我们伟大的祖国建设得更加美丽，为子孙后代留下天更蓝、山更绿、水更清的优美环境。

——习近平（2017年8月）

习近平总书记的批示

塞罕坝建设者获得联合国"地球卫士"奖

2018年8月28日，中共中央总书记、中央军委主席习近平对塞罕坝感人事迹做重要批示并公开发表，赞誉塞罕坝是"推进生态文明建设的一个生动范例"。2018年12月，联合国授予塞罕坝建设者集体"地球卫士"奖。

塞罕坝风光

十八大以来承德地区脱贫攻坚政策概览

国际旅游城市发展定位

贰　避暑山庄

一座承载盛世传统文化的古典园林

避暑山庄作为清代帝王的离宫别苑，不以奢华嵯峨的宫殿见胜，而是着力突出朴野之美；昱为自然山水宫苑又超越自然，更多地融入了对自然的提炼和升华，融入了帝王的自身修为、政治理念、文化感悟和艺术追求。同时，避暑山庄与周围寺庙作为不可分割的一个整体，似众星拱月，似百川归海，概括中华版图之形貌，见证中国多民族的文化融合与团结统一。避暑山庄及周围寺庙是国家首批AAAAA级旅游景区、全国重点文物保护单位，1994年被联合国教科文组织列入《世界遗产名录》。

避暑山庄及周围寺庙沙盘

避暑山庄全图

第一部分

皇 家 园 林

　　避暑山庄作为清代帝王营造的离宫别苑，采用现实主义创作手法，源于自然又高于自然，沿袭了中国古典园林的创作手法，吸收了南北园林的创作精华，天然山水与人文建筑的结合相得益彰；同时又采用象征主义的手法，把帝王情怀融入造园置景，赋予原本平凡的亭台轩榭、峰岚丘壑、林木花草、泉流溪瀑、鹤鹿禽鱼以深邃的思想和灵魂。

御製避暑山莊記

金山發脈暖溜分泉雲壑濬泓石潭青靄境廣草肥無傷田廬之害風清夏爽宜人調養之功自天地之
生成歸造化之品彙朕數巡江干深知南方之秀麗兩幸秦隴益明西土之殫陳北過龍沙東遊長白山
川之壯人物之樸亦不能盡述皆吾之所不取惟茲熱河道近神京往還無過兩日地闢荒野存心豈悞
萬幾因而度高平遠近之差開自然峯嵐之勢依松為齋則竅崖潤色引水在亭則榛煙出谷皆非人力
之所能借芳甸而為助無刻桷丹楹之費喜泉林抱素之懷靜觀萬物俯察庶類文禽戲綠水而不避麀
鹿映夕陽而成羣鳶飛魚躍從天性之高下遠色紫氛開韶景之低昂一遊一豫罔非稼穡之休戚或旰
或宵不忘經史之安危勸耕南畝望豐稔筐筥之盈茂止西成樂時若雨暘之慶此居避暑山莊之槩也
至於玩芝蘭則愛德行覩松竹則思貞操臨清流則貴廉潔覽蔓草則賤貪穢此亦古人因物而比興不
可不知人君之奉耳目之於民不愛者即意也故書之于記朝夕不改敬誠之在茲也
康熙五十年六月下旬書

康熙《御制避暑山庄记》

清冷枚绘《热河行宫图》

避暑山庄印

钱维城绘《乾隆御制避暑山庄七十二景诗画册》

第二部分

建 筑 意 趣

　　避暑山庄"景无虚设，皆由圣心指点而成"，经过康乾两代皇帝近百年的营建，荟萃了亭、台、楼、阁、轩、榭、斋、庵、庙宇等120余组建筑。建筑与园林相得益彰，创造出优美、深邃的意境，成为中国传统建筑和园林史上的集大成之作。

福寿园建筑群模型

避暑山庄山区建筑模型——广元宫

避暑山庄山区建筑模型——珠源寺

避暑山庄山区建筑模型展示

第三部分

文 化 特 性

　　避暑山庄与周围寺庙蕴含着深厚的中国传统文化，康乾二帝将儒、释、道思想融会贯通，相宜为用，期冀实现"普天之下，莫非王土；率土之滨，莫非王臣"的政治理念，并在避暑山庄的景物题名、匾额楹联及御制诗文上得到充分体现。在避暑山庄避喧听政期间，为促进文化的发展繁荣，清朝皇帝曾进行多项文化建设，每逢节日都要举行筵宴、朝贺、娱乐等活动，并形成礼制。

展厅内景

展厅内景

直隸總督臣劉峩跪

奏為

奏明事竊照前准

武英殿修書處咨會奉

旨送往熱河

文津閣陳設四庫全書奏明於三月二十日起分

為四撥間十日一起運往令臣按站雇夫並派

員照料等因當經臣飭委霸昌道王成赴京領

運送至古北口交熱河道當保接替照料並將

應需槓夫以及繩扛蓆片等項飭令妥協預備

在案茲據霸昌熱河二道稟稱奉

撥四庫全書均已敬謹接替護送逐程照料今第四

起書籍於四月二十五日運至熱河面同

武英殿委員照交熱河總管如查收先後並無

短少漬濕等情前來臣覆查無異所有奉

旨送往四庫全書已全數運至熱河緣由理合繕摺

奏明伏祈

皇上睿鑒謹

奏

乾隆五十年五月 初八 日

乾隆五十年五月初八日，直隶总督刘峩关于《四库全书》全数运至热河的奏折

大學士公傅 字致

大學士來 乾隆二十八年七月十四日奉

旨前經降旨將綿紙古今圖書集成送一部至熱河

著即在京裝訂齊全再行送來其套殼須用木胎

所有應用木片材料即向掌管太監等取用一切

箱匣舊料皆可改做欽此

中堂即行遵

旨傳諭各該處遵辦可也此致

七月十四日

乾隆二十八年七月十四日，寄谕大学士来宝著将绵纸《古今图
书集成》在京装订齐全再送往热河

康熙御笔《操舟说》手卷

清康熙（1662—1722 年）
横 60 厘米，纵 27.3 厘米

纸本，手卷形式，康熙帝御笔小楷《操舟说》
全文 312 字，字迹端庄凝重，首尾无题款，
左下方钤有朱文篆书"宜统尊亲之宝"。
文中论操舟之艺，引申为治国安民之道。

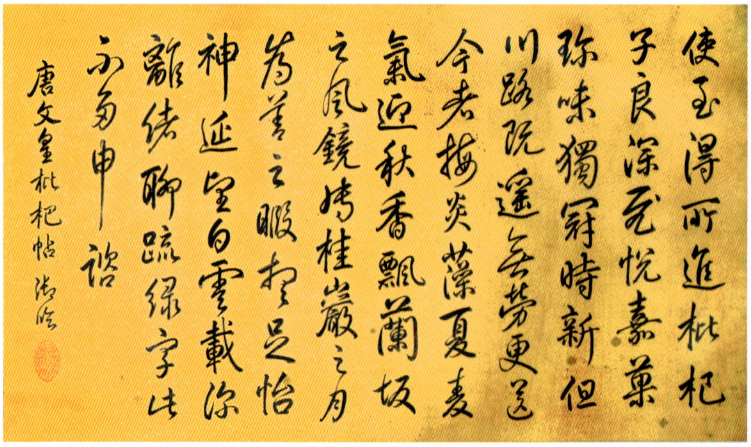

乾隆御笔唐文皇《枇杷帖》及孙过庭《书谱》合轴

清乾隆（1736—1795 年）

横 72.5 厘米，纵 118.5 厘米

唐太宗李世民行书《枇杷贴》，以"川路既遥，无劳更送"来
告知官员不要进贡珍果佳味，以便省去百姓差役之苦，体现了
民本思想。在历代帝王中，乾隆帝认为唐太宗（文皇）是佼佼者，
常摹写其书法作品，视为榜样。

青花御题诗文茶盅

清乾隆（1736—1795 年）

口径 10.5 厘米，底径 4.7 厘米，高 5.5 厘米

敞口，斜腹，圈足。盅内口沿饰一周如意云头纹，碗内底心一周如意云头纹，内绘青花松、梅、佛手图案。腹部留白处青花楷书绘写乾隆帝御题《三清诗》。后有"乾隆丙寅小春御题"年款，另有篆书"乾""隆"圆、方钤印各一枚。底有青花"大清乾隆年制"六字三行篆书款。

仿红漆菊瓣盘

清乾隆（1736—1795 年）

口径 16 厘米，高 3.6 厘米，底径 9.6 厘米

通体呈菊瓣式。器内、外壁施朱漆红釉，盘内心隶书
描金乾隆御制诗一首，落款"乾隆甲午御题"，另有
圆形"乾"、方形"隆"印两方。盘底及圈足里均为
黑釉，底有"大清乾隆仿古"金字楷书款。

仿哥釉八卦琮式瓶

清乾隆（1736—1795 年）
高 28.1 厘米，口径 8 厘米，底径 10.9 厘米

琮式瓶是仿新石器时代良渚文化的玉琮外形加以
变化而来，用作礼器。此琮式瓶釉面肥厚匀净，
开片自然随意，八卦纹凸线挺拔如万物相连。器
底有青花"大清乾隆年制"三行篆书款。

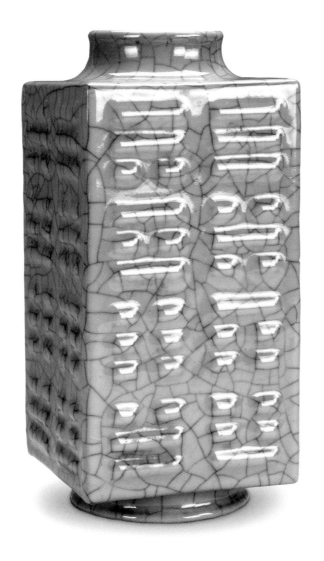

白地红龙天鸡纽高足盖碗

清乾隆（1736—1795 年）

口径 5.6 厘米，底径 4.1 厘米，通高 21 厘米

青花釉里红过墙九桃碗

清乾隆（1736—1795 年）
口径 27 厘米，底径 15 厘米，高 11.5 厘米

直口，深曲腹，圈足，器型硕大。内底及外壁以青花
及釉里红绘过枝桃树寿桃，发色艳丽，装饰效果极强。
圈足内青花书"大清乾隆年制"三行六字篆书款。

青花云鹤八卦纹碗

清康熙（1662—1722 年）

口径 14 厘米，底径 5.7 厘米，高 7.4 厘米

乾隆御笔《木兰回跸至山庄》诗轴

清乾隆（1736—1795 年）

横 80 厘米

木蘭廿日事秋蒐陟樂何曾忘運
籌去盼佳音迴尚尔今看美景畊
如流叠疊峯錦樹紅盇飆緑菪峽琴泉
沈且浮以此溪山可孤負三朝合著
翠華笛 木蘭迴蹕駐山莊作
己卯重九後四日御筆

从1644年清军入关起，清代开辟了民族关系史上的新篇章，打破了长城内外的界限，改变了历代民族隔离的政策，实行团结、安抚、恩威并施的方针。承德突出了它民族结合部的地区特点，迅速隆兴，成为北京的政治分中心。在这里，清中央政府举行过重大的政治、军事、民族、宗教、文化及外事等活动，接受蒙古、青海、新疆、西藏等地少数民族贵族首领和藩属国国王使臣的朝觐以及接诗西洋诸国来使……

第一部分

合内外之心　成巩固之业

帝王治天下，自有本原，不专恃险阻。秦筑长城以来，汉、唐、宋亦常修理，其时岂无边患？明末，我太祖统大兵长驱直入，诸路瓦解，皆莫敢当。可见守国之道，惟在修德安民。民心悦，则邦本得，而边境自固，所谓"众志成城"者是也。如古北、喜峰口一带，朕皆巡阅，概多损坏，今欲修之，兴工劳役，岂能无害百姓？且长城延袤数千里，养兵几何，方能分守？……

昔秦兴土石之工修筑长城，我朝施恩于喀尔喀，使之防备朔方，较长城更坚固。

——《清圣祖实录》记康熙帝语

一　围场行围　恩施泽布

　　满族崛起于白山黑水，出没在林海雪原，精于骑射，崇尚习武。出猎行围是为适应生活生产环境而形成的民族习俗。在康熙皇帝一生的诸多活动中，塞外北巡和木兰行围有突出地位和非凡意义。行围期间，康熙皇帝通过接见、筵宴、赏赐、和亲等方式施行怀远之略。

展厅内景

康熙帝朝服像

满族"崇尚骑射"，入主中原后，将"国语骑射"视为必须遵从的祖制家法。清帝每年都要率领八旗官兵到木兰围场举行"秋狝大典"，通过"行围习武"以加强武备。承德博物馆展示有清帝御用的马鞍和行围射猎时使用的刀、弓箭、火枪等兵器。

展厅兵器展示

西式火枪与高丽刀

清（1644—1911 年）

西式火枪：长 132 厘米

高丽刀：长 157 厘米

"木兰秋狝"期间，特别是秋狝大典礼成之后，地方蒙古王公需为皇帝举办盛宴，以尽地主之谊，席间渐次展示极具蒙古风情的表演活动：什榜、相扑、诈马、教駣，而被称为"塞宴四事"。

塞宴四事

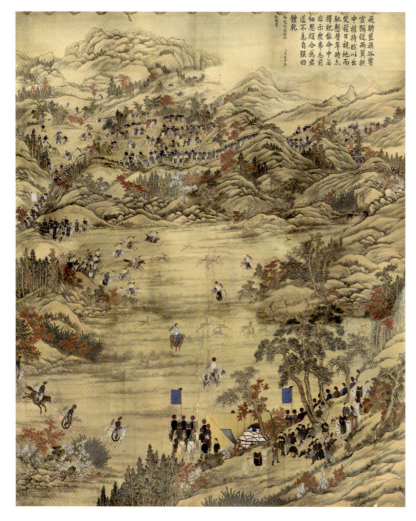

弘历木兰秋狝图

康熙年间木兰秋狝统计表

年	启銮	回銮	日数	备注
康熙十六年 （1677年）	九月十八日	九月二十八日	11	
康熙二十年 （1681年）	四月五日	五月二十四日	49	
康熙二十二年（1683年）	六月二十四日	七月二十日	55	闰六月
康熙二十三年（1684年）	六月九日	八月十二日	63	
康熙二十四年（1685年）	六月二十一日	八月二十九日	68	
康熙二十五年（1686年）	八月三日	八月二十一日	19	闰四月
康熙二十六年（1687年）	八月七日	九月一日	24	
康熙二十七年（1688年）	八月三日	九月十八日	45	
康熙二十八年（1689年）	八月十五日	九月七日	23	闰三月
康熙二十九年（1690年）	七月二十日	七月二十三日	4	
康熙三十年 （1691年）	四月二十九日	五月六日	8	闰七月
康熙三十年（1691年）	八月十三日	九月六日	23	
康熙三十一年（1692年）	八月十六日	八月二十六日	11	
康熙三十二年（1693年）	八月二十八日	九月十二日	15	
康熙三十三年（1694年）	七月二十九日	九月八日	39	闰五月
康熙三十四年（1695年）	八月九日	八月二十六日	18	
康熙三十六年（1697年）	八月二十八日	九月七日	10	闰三月
康熙三十八年（1699年）	七月二十三日	八月三十日	37	闰七月
康熙三十九年（1700年）	八月三日	九月二日	29	
康熙四十年（1701年）	十二月七日	十二月十三日	7	
康熙四十一年（1702年）	七月三日	八月九日	37	闰六月
康熙四十二年（1703年）	七月二十七日	八月二十四日	27	
康熙四十三年（1704年）	八月八日	九月十四日	27	
康熙四十四年（1705年）	七月十八日	八月二十八日	41	闰四月

年	启銮	回銮	日数	备注
康熙四十五年（1706 年）	七月二十五日	九月十四日	20	
康熙四十五年（1706 年）	十二月四日	十二月十四日	11	
康熙四十六年（1707 年）	七月二日	七月十七日	16	
康熙四十七年（1708 年）	七月二十一日	九月九日	48	闰三月
康熙四十八年（1709 年）	七月二十九日	九月十一日	12	
康熙四十九年（1710 年）	七月二十一日	八月二十四日	33	闰七月
康熙四十九年（1710 年）	十一月二十八日	十二月十二日	15	
康熙五十年（1711 年）	七月二十九日	九月三日	34	
康熙五十一年（1712 年）	八月二日	九月十三日	41	
康熙五十一年（1712 年）	十二月三日	十二月十九日	7	
康熙五十二年（1713 年）	七月二十一日	九月七日	17	闰五月
康熙五十三年（1714 年）	八月六日	九月十四日	38	
康熙五十三年（1714 年）	十二月五日	十二月十五日	11	
康熙五十四年（1715 年）	八月十日	九月十六日	35	闰三月
康熙五十五年（1716 年）	七月二十六日	九月三日	8	
康熙五十六年（1717 年）	八月一日	九月十二日	42	
康熙五十七年（1718 年）	八月十二日	九月二日	21	闰八月
康熙五十八年（1719 年）	八月十日	九月十四日	34	
康熙五十九年（1720 年）	八月四日	九月十四日	41	
康熙六十年（1721 年）	七月二十日	九月三日	43	
康熙六十一年（1722 年）	八月三日	九月二日	29	
合计			1246	

资料来源：《起居注册》《钦定热河志》

图表说明：康熙年间，共有 45 次行围，合计日数为 1246 天，每次平均约为 27 天，有秋围和冬围之分，秋围多在七八月间举行，九月间返回避暑山庄。冬围多在十一、十二月间举行。

二　亲征朔漠　稳定北疆

为了维护国家统一，康熙皇帝三次亲征平定准噶尔蒙古首领噶尔丹的叛乱。康熙皇帝策略得当，进退有序，既挫败了噶尔丹的挑衅，又慑止了外邦侵略的阴谋，巩固了北部边疆，奠定了清朝的盛世根基，留下浓墨重彩的一笔。

为反击噶尔丹的挑衅活动，康熙二十九年（1690 年）七月，康熙帝亲率禁旅进驻波罗河屯，带病督军。八月初一日，各路大军向乌兰布通进发，下午七八时击毁驼城，随后清军乘势追击，"遂破贼垒，大败之"。此战打击了准噶尔贵族上层的割据势力，巩固了北部边防，有力地抵制了俄国势力的扩张。

康熙三十年（1691 年），康熙帝北巡至多伦诺尔，会同喀尔喀蒙古土谢图汗、车臣汗、扎萨克图汗举行了具有历史意义的"多伦会盟"。大会庆祝了乌兰布通之战的重大胜利，决定建立汇宗寺，使多伦诺尔成为政治、军事、宗教中心，使长期割据纷争的漠北蒙古地区统一在清朝中央政权之下。

乌兰布通之战沙盘

三　揽政山庄　合心固业

康熙皇帝对蒙古地区制定了切合实际的发展生产的方针，促进了蒙古地区经济社会的发展。在避暑山庄接见蒙古诸王、赈济蒙古各部等政治行为密切了蒙古地区与中原地区的关系，增进了满、蒙、汉等各族人民的经济文化交流，对团结各民族与维护国家统一起到了重要作用。

展厅内景

怀柔安抚

康熙皇帝继承了努尔哈赤、皇太极确立的蒙古政策体系，在蒙古地区施行了一系列行之有效的怀柔政策和措施。

联姻赐福

康熙二十三年（1684 年）六月，康熙皇帝行围，八月驻跸乌拉岱，赐科尔沁端敏公主、翁牛特和硕郡主、苏尼特和硕郡主缎四、鞍辔等物；巴林王纳木达克、贝子乌尔占温春冠服、金带、弓矢鞍辔；额驸阿拉布坦、台吉格勒图等冠服、布匹、银币等物。

康熙三十七年（1698 年）七月，康熙皇帝驻跸群咯喇沁和硕端静公主第，公主及额驸进宴。数日后驻珠尔喝岱哈达，敖汉和硕额驸齐伦巴图鲁进宴。

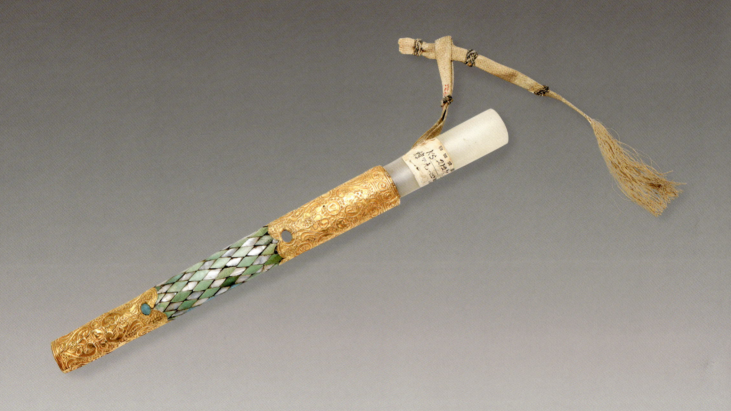

嵌螺钿包金鞘玉柄餐刀

清（1644—1911 年）

通长 27.8 厘米

刀为玉柄素面，刀鞘口和头为金包口、金包头，并錾花饰面。鞘中部交错镶嵌菱形螺钿、松石饰件，包金处各嵌一松石和贝壳，附挂绳。

白玉子孙万代福寿如意

清（1644—1911 年）

通长 26.3 厘米

如意为整块白玉所制，玉色莹润光亮。全器为传统如
意造型，顶为如意头，上部雕有蝙蝠、寿字纹饰。玉
柄中部微弯曲，上刻缠枝葫芦纹饰。柄尾部较宽呈棱
形，有两孔，系有丝织穗。背面为素面无纹。整个如
意寓意吉祥，有子孙万代福禄寿全之意。

铜鎏金宗喀巴像

清（1644—1911 年）

长 18.1 厘米，宽 15.8 厘米，通高 24.7 厘米

宗喀巴（1357—1419）是藏传佛教格鲁派的创立者。此像面带微笑，雍容祥和，双手结转法轮印，结跏趺坐于椭圆形莲台之上。双手各捻一莲枝，左右肩莲蕾上各安置经箧和宝剑。通体鎏金，打磨光滑，封底涂红漆，推测是拉萨地区所造。台座后刻藏文题记，意思是：顶礼罗桑扎巴尊者。罗桑扎巴是宗喀巴的法号。

承德溥仁寺建筑、匾额及康熙帝谕令修建溥仁寺的碑刻

　　康熙皇帝在位61年，其间平定"三藩"、收复台湾、三征噶尔丹、抗击沙俄入侵等，捍卫了国家统一，奠定了清代疆域版图的基础。据《清实录》记载统计，康熙皇帝共巡幸避暑山庄28次，举行45次"木兰秋狝"。避暑山庄成为康熙皇帝驻跸理政、宴赍怀柔外藩、节庆受贺、游览休憩的重要场所，更是我国统一多民族国家巩固与发展的历史见证。

第二部分

承先祖"德泽" 举"家法"毋忘

继康熙皇帝后,雍正皇帝在位 13 年,励精图治,发挥着承上启下的作用。胤禛继位后,因各种原因无暇来避暑山庄驻跸,但对承德恩厚有加,秉"承受先祖德泽"之意,改热河厅为承德直隶州,由此,"承德"之名始见。

展厅内景

雍正帝朝服像

一 扈从塞外　赋闲山庄

　　从康熙二十五年（1686 年）皇四子胤禛首次扈从康熙皇帝巡幸塞外到康熙六十一年（1722 年）最后一次随驾塞外，36 年间，他有 24 年都是陪伴在康熙皇帝左右，是"木兰秋狝"活动的重要参与者。秋狝期间，除了承欢于父皇膝下，胤禛大部分时间都在狮子园里度过，过着"天下第一闲人"的生活，在其传世的诗文中，有不少是描写秋狝行围的作品。

胤禛府邸狮子园沙盘

　　狮子园坐落在避暑山庄西北部狮子岭下，建于康熙四十二年（1703 年）。康熙五十一年（1712 年），康熙帝将此园赐予皇四子胤禛。在狮子园中，胤禛曾七次宴请父皇。康熙六十一年（1722 年），康熙帝最后一次临幸狮子园，胤禛的第四子弘历也随驾避暑，康熙帝特意传见了弘历生母钮祜禄氏，连称她是"有福之人"。

展厅内景

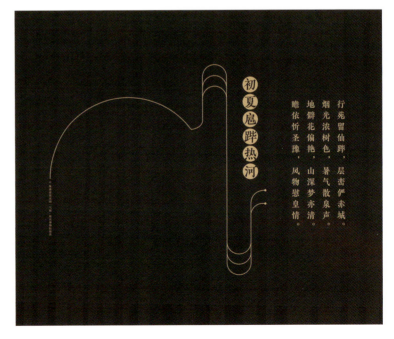

雍正帝诗作《初夏扈跸热河》

二 习武木兰 毋忘家法

胤禛继位后，终其一朝，都未举行过木兰秋狝。但其多次传谕王公大臣："骑射武备，乃祖宗家法"，切不可忘记"习武木兰"。乾隆皇帝在《避暑山庄后序》中曾写道："皇考十三年之间虽未举行此典，常面谕曰：'予之不往避暑山庄及木兰行者，盖因日无暇给，而性好逸、恶杀生，是予之过，后世子孙当遵皇考所行，习武木兰，毋忘家法。'"

雍正御笔《古德颂》手卷

清雍正（1723—1735 年）
横 760 厘米，纵 29.1 厘米

《古德颂》是一篇佛教题材的作品，亦是雍正帝少有的一件书法精品，展现其对佛学的精深理解。

第三部分

谱团结之曲　奏盛世华章

　　乾隆皇帝在康熙、雍正两朝文治武功的基础上，完善了清中央政府对西藏的管理，多次平息了新疆的分裂战乱，进一步推进了多民族国家的统一。随着乾隆朝政治的稳定，经济、文化的繁荣，承德避暑山庄进入了极盛时期。乾隆皇帝遵循祖制，多次巡幸避暑山庄和举行秋狝大典，推行联合、团结各民族的政策，谱写了清王朝民族团结、和睦发展的盛世华章。

展厅内景

乾隆帝朝服像

一　肄武习劳　巡幸木兰

清帝北巡塞外和习武木兰已经成为一项团结各民族的重要政治、军事活动。乾隆皇帝遵循祖制，多次出巡木兰围场，并举行秋狝大典。

展厅内景

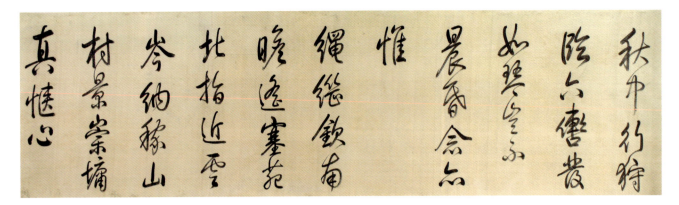

乾隆御笔仲秋启跸木兰行围之作

清乾隆（1736—1795 年）

横 215 厘米，纵 47.5 厘米

乾隆皇帝在数次来围场围猎过程中，留下许多诗句，并将这些御制诗文勒石立碑。

围场诗碑

二　万树盛宴　隆恩庆典

　　万树园是避暑山庄七十二景之一，也是避暑山庄政治活动的中心之一。乾隆皇帝经常在此召见蒙古、西藏等少数民族的王公贵族、宗教首领，并且举行颁赏、赐宴、观火戏、观立马技等活动，广泛地接触与会晤边疆各部上层人物，以"怀柔绥服"远方。

展厅内景

《万树园赐宴图》

此图是清乾隆时期郎世宁、王致诚、艾启蒙等创作的
绢本设色画，描绘了乾隆帝于乾隆十九年（1754年）
夏在避暑山庄万树园宴请蒙古族首领的情景。

粉彩八宝纹茶碗

清乾隆（1736—1795 年）

口径 10.5 厘米，底径 4 厘米，高 7.6 厘米

敞口，深腹，下腹渐收，圈足。口沿以矾红绘一圈回纹，碗身以粉彩绘八宝纹，近足部绘一圈如意纹，底有"大清乾隆年制"青花三行篆书款。此碗为乾隆朝传统官窑器皿，亦为清宫日用器。

青花碧桃带盖梅瓶

清雍正（公 1723—1735 年）

口径 7 厘米，底径 14 厘米，高 31.5 厘米

红雕漆云龙纹大碗

清（1644—1911 年）

通高 7.5 厘米，口径 21 厘米，底径 9 厘米

红雕漆梵文靶碗

清乾隆（1736—1795 年）

通高 13.3 厘米，口径 15 厘米，底径 7 厘米

铜镀金素面碗里，面素无纹。外壁红雕漆缠枝
莲、梵文、莲瓣纹、璎珞纹，底内沿阴刻填金
漆"大清乾隆年制"单行篆款。

青花开光人物凤尾尊

清（1644—1911 年）

通高 45 厘米，口径 21 厘米，底径 16 厘米

喇叭口，直颈，长圆形鼓腹，下腹渐收，足胫处外撇。
通身以青花饰方格锦地，八个菱形开光内绘八仙人物，
比例匀称，神态生动。底有青花树叶款。

三 外庙纪事 辉映陪都

为团结巩固和发展同蒙藏少数民族的关系，康乾二帝在避暑山庄周围营建了 12 座寺庙。其中八座寺庙驻有喇嘛，归清政府理藩院喇嘛印务处管理，在京师设有八处办事机构，因地处塞外，所以统称"外八庙"。其余各寺由八旗兵丁看守。这些寺庙成为京城外的一处藏传佛教中心，也是各族人民情感汇聚、精神传承的纽带。

普宁寺、安远庙、普乐寺、普陀宗乘之庙、须弥福寿之庙展示图片

"管理热河各庙事务图记"云纽铜印

清（1644—1911 年）

通高 6.5 厘米，纽高 4.5 厘米

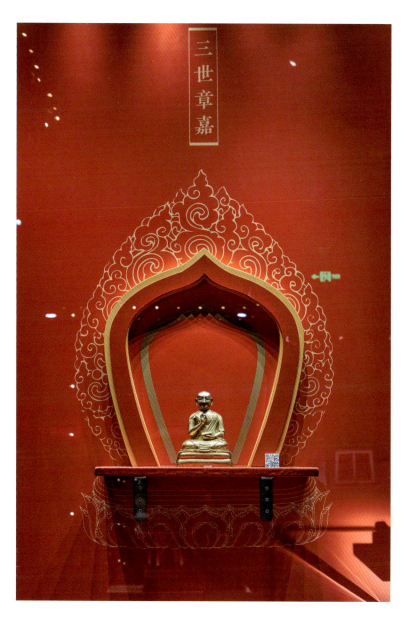

三世章嘉呼图克图像

铜鎏金錾胎珐琅七珍

清（1644—1911 年）

通高 30 厘米，底径 9.2 厘米，腹径 8 厘米

七珍，又称"七政宝"，为佛教供养类法器。这组铜鎏金錾胎珐琅七珍，一组七件，每件由四部分构成，莲瓣托上分别托"轮宝、象宝、马宝、珠宝、玉女宝、主藏臣宝、将军宝"。錾花镶嵌精美，造型工整，为清宫造办处作品。

铜鎏金掐丝珐琅八宝

清（1644—1911 年）

八宝，又称"八吉祥"，为佛教供养类法器。此组八宝为铜鎏金
掐丝珐琅工艺，一组八件，每件由四部分组成。中部为三层莲瓣
托，镶嵌青金石为饰，分别托法轮、法螺、宝伞、白盖、莲花、
宝罐、双鱼、盘肠等八种吉祥宝物，寓意吉祥。造型工整，掐丝
精细，充分体现了清代宫廷匠师的高超技艺。

黄地粉彩八宝纹奔巴瓶

清嘉庆（1796—1820 年）

口径 2.9 厘米，底径 10.1 厘米，通高 26 厘米

　　"奔巴"是藏语"瓶"的意思，此瓶仿西藏铜质奔巴而制。口部饰
西番莲纹，颈部饰垂苏纹，腹饰莲托八宝纹，足为两层莲瓣纹饰，
底有"大清嘉庆年制"篆书红款。藏传佛教中，多以铜质奔巴瓶盛
净水，内插藏草，以示淋漓之甘露，又称"藏草瓶"或"甘露瓶"。
瓷质者多出自宫廷赏赐，作为珍宝收藏，很少使用。

铜吉祥天母像

清（1644—1911 年）

长 34 厘米，宽 20.1 厘米，通高 56.3 厘米

吉祥天母是藏传佛教格鲁派的主要保护神，忿怒像，戴五智骷髅冠，右手高举骷髅杖，左手执嘎巴拉碗，以游戏姿侧身坐在奔跑于血山血海的黄骡背上。背光后衬紫檀木背板，上刻有汉、满、蒙、藏四体文字："乾隆四十五年十一月二十五日，钦命章嘉呼土克图认看供奉大利益紫金利玛吉祥天母。"紫金是一种珍贵的铜合金，当时仅西藏少数作坊掌握其配方与加工技术。此造像应是六世班禅进京朝觐时给乾隆帝所贡礼物之一。

银鎏金嵌石八宝纹桃形佛龛

清乾隆（1736—1795 年）

通高 30.7 厘米，长 19.6 厘米，宽 11.3 厘米

桃形，局部鎏金。正面镶嵌莲瓣与连珠形绿松石，内有红地织金暗花内衬，下有一长方形檀香木托。龛体两侧以缠枝花叶纹并镶嵌绿松石为地，装饰鎏金八宝纹。龛内供奉蓝色催生石度母像。佛龛下部四周刻藏文和卷草纹，龛背面刻满、汉、蒙、藏四体字铭文"乾隆四十一年六月二十一日，钦命阿旺班珠尔胡土克图认看，供奉利益新造催生石青身救度佛母，番称卓尔嘛温坚，清称拉们多博墨爱图布呼额墨拂齐希，蒙古称固克达呼额克"，"大清乾隆年敬造"。佛龛配长方形须弥座，上嵌绿松石仰覆莲瓣，须弥座底部錾刻十字金刚杵图案。

不空绢索观音

清（1644—1911 年）

长 26 厘米，宽 25.3 厘米，通高 79.8 厘米

不空绢索观音是观音菩萨的化身之一，戴镂空五佛宝冠，发髻高挽，胸部饰仁兽皮，
为观音的标志之一。一面四臂，立于莲台上。其右下手持金刚索，上手持无忧树枝，
左下手持金刚杵，上手持物缺失。帔帛上有阴刻花纹，璎珞及裙上以错金银花纹为饰。
此像造型厚重，装饰繁复，莲瓣肥厚，具有拉萨雪堆白作品的特点。

铜鎏金无量寿佛像

清乾隆（1736—1795 年）
长 50.4 厘米，宽 37.9 厘米，通高 82 厘米

无量寿佛戴五叶宝冠，璎珞严身，双手禅定印托宝瓶，结跏趺坐于莲台之上。莲台正面底沿阴刻"大清乾隆己巳年敬造"款，说明它是乾隆时期内务府造办处采用第二个紫金配方的作品，应以九尊为一组。这一时期紫金造像多以无量寿佛为主，且加甲子年款。紫金是六世班禅朝觐时提供给清宫的特殊铜合金配方，其造像除少量赏赐给西藏外，多保存于清宫各佛堂中。

紫檀木三层楼阁殿式九佛龛

清（1644—1911年）

长85.6厘米，宽36.9厘米，通高156.5厘米

仿三层楼阁庑殿式建筑形式，顶部饰藏式宝瓶，瓶身两侧饰帛带、鸱吻、角兽、斗拱，各个部件一应俱全。三层，每层三间，共九个佛龛，每个佛龛背后皆刻内容相同的满、汉、蒙、藏四种文字铭文。佛龛造型庄重、雕刻精美。

紫檀木座铜胎珐琅塔

清（1644—1911 年）

通高 305 厘米

此塔由 1400 多个大小部件插接而成，将我国传统楼阁式建筑与藏式喇嘛塔造型融为一体，是宫廷制作的精品，也反映了特定的佛教意蕴。这座佛塔原陈设于须弥福寿之庙大红台西侧六品佛楼，蕴含着一段乾隆皇帝和六世班禅共同维护国家统一、民族团结的佳话。乾隆四十三年（1778 年），六世班禅得知乾隆帝要在两年后的农历八月十三庆祝70 寿辰，主动要求觐见祝寿。乾隆皇帝欣然允请，在承德度地修建须弥福寿之庙作为班禅到承德后的经堂和居所。并谕令将这座制造于乾隆三十年（1765 年）的佛塔，从其母后居住的紫禁城慈宁宫花园宝相楼移至须弥福寿之庙。如今，宝塔安静地陈列于展厅，成为跨越时空的桥梁，以特有的方式昭示了我国民族团结和国家统一的历史传统。

乾隆四十三年（1778 年）六月，六世班禅率领三大寺堪布及僧职人员百余人赴承德觐见乾隆皇帝。在途经羊八井时，八世达赖喇嘛专程到羊八井札西通麦隆重迎送，互献哈达，各道珍重。

羊八井送别场景

四 往来交流 功昭四海

乾隆时期，沿袭了汉族王朝的天下观——着眼于怀柔远人和外夷归附，但又严加防范。乾隆皇帝在避暑山庄接见了许多国家的来华使节。避暑山庄成为这些使臣观察了解清王朝、了解中国的窗口。

乾隆皇帝接见英使马戛尔尼

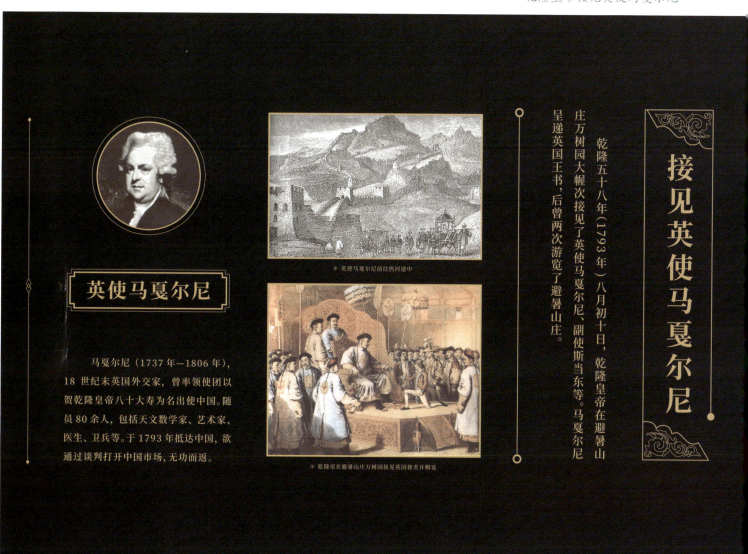

接见英使马戛尔尼

乾隆五十八年（1793年）八月初十日，乾隆皇帝在避暑山庄万树园大幄次接见了英使马戛尔尼、副使斯当东等。马戛尔尼呈递英国国书，后曾两次游览了避暑山庄。

英使马戛尔尼

马戛尔尼（1737年—1806年），18世纪末英国外交家，曾率领使团以贺乾隆皇帝八十大寿为名出使中国。随员80余人，包括天文数学家、艺术家、医生、卫兵等。于1793年抵达中国，欲通过谈判打开中国市场，无功而返。

◎ 英使马戛尔尼前往热河途中

◎ 乾隆帝在避暑山庄万树园接见英国使者并赐宴

乾隆五十五年（1790 年）七月份避暑山庄活动纪要表

月日	活动项目
初七日	早膳后哲布尊丹巴呼图克图、噶尔丹锡呼图呼克图等瞻觐，在依清旷
初八日	
初九日	安南国王阮光平、各蒙古贝子王公等瞻觐，演大庆戏
初十日	早膳后在依清旷递丹书克毕，吏兵二部带领引见
十一日	朝鲜、南掌、缅甸三国陪臣瞻觐
十二日	拜庙拈香，念万寿经。哈萨克在惠迪吉门外瞻觐
十三日	两金川土司、甘肃土司、台湾生番等瞻觐，演大戏
十四日	早在澹泊敬诚殿筵宴，赏项即分设两配殿阶下，晚在万树园蒙古包看烟火
十五日	河灯
十六日	演大戏
十七日	演大戏
十八日	演大戏
十九日	演大庆戏毕，即令南府人等起身
二十日	安南国王等起身进京
二十一日	各使臣等分起进京
二十二日	土司生番等分起进京
二十三日	呼图克图等及都尔伯特、土尔扈特、和硕特、乌梁海、哈萨克等分起各回游牧，在文庙迤西，万寿亭处送，驾喀喇河屯
二十四日	常山峪
二十五日	两间房
二十六日	瑶亭子
二十七日	密云县
二十八日	南石槽
二十九日	圆明园

资料来源：《上谕档》，方本（台北故宫博物院）乾隆五十五年六月初五日，第 261—262 页

清王朝是继汉、唐、元、明之后又一个统一的大帝国，继承了历史上所形成的幅员辽阔的疆域。清盛世疆域，西起巴尔喀什湖以东以南的帕米尔高原，接中亚细亚；东濒日本海、渤海、黄海，有库页岛、台湾以及附近岛屿；北抵戈尔诺阿尔泰、萨彦岭、外兴安岭至鄂霍次克海；南至南沙群岛的曾母暗沙；西南达喜马拉雅山脉。陆域面积达1300多万平方公里，奠定了近现代中国的宏伟版图。

木兰围场、避暑山庄及周围寺庙，生动展示了清王朝前期为维护国家统一、实行民族团结政策的盛世风采。它们记录着清王朝以承德为中心，建立了"肆武绥藩，怀柔远人，修德安民"的历史功绩，成为我国多民族团结统一国家形成的历史见证，成为象征民族团结的历史丰碑。

前言

清帝旺肸避暑山庄期间，为便于礼佛，在宫殿园林内设置了多座佛堂，这些佛堂建筑、佛教文物及制度化的佛事活动组成了一个完整的藏传佛教文化体系，也使佛教文化成为清代宫廷文化的一个重要组成部分。

避暑山庄和外八庙珍藏大量藏传佛教艺术珍品，为历代皇帝所藏奉和珍藏，蕴含有丰富的历史、宗教、民族文化和艺术价值。

清宫秘

RARE COLLECTION OF IMPERIAL PALACE O

藏汉合璧的佛教艺术

Exhibition of Buddhist Art Combining Tibet a

藏汉合璧的佛教艺术珍品展

清帝驻跸避暑山庄期间，为便于礼佛，在宫殿园林内设置了多处佛堂，这些佛堂建筑、佛教文物及制度化的佛事活动组成了一个完整的藏传佛教文化体系，也使佛教文化成为清代宫廷文化的一个重要组成部分。避暑山庄和外八庙现藏大量藏传佛教艺术珍品，为历代皇帝所敬奉和珍藏，蕴含着丰富的历史、宗教、民族文化和艺术价值。

PREFACE

第一部分

妙 相 庄 严

　　避暑山庄和外八庙的佛堂内藏有丰富的藏传佛教造像。这些佛教造像从形象上可以分为两大类：一类为静像，即正常人的形象，慈祥寂静；一类为猛像，多手多臂，形象怪异，忿怒凶猛，多为密宗佛像。

展厅内景

密集金刚双身像

清（1644—1911 年）
通高 122 厘米，宽 45 厘米

铜质，面部、颈部泥金，主尊与明妃皆三面六臂
三目。明妃双腿环于主尊腰部。莲台为三角形，
后部无莲瓣。密集金刚又称"密聚金刚"，梵名"库
夫雅·萨玛佳"，是藏传佛教密宗五大本尊之一。

铜鎏金大威德金刚双身像

清（1644—1911 年）

长 13 厘米，宽 7.2 厘米，通高 15.9 厘米

此像通体鎏金。主尊九头三十四臂十六足，每面各三目，顶端一头为文殊菩萨像。主臂左手持嘎巴拉碗，右手持金刚钺刀，两侧辅臂手中有持物。明妃一面三目二臂，左手托持嘎巴拉碗，右手高举持钺刀，左腿伸出，右腿环于主尊腰部。十六生灵下配长方形单层莲台，底板錾刻十字金刚杵。

铜错金银无量寿佛像

清（1644—1911 年）

通长 12 厘米，通宽 8.5 厘米，通高 21 厘米

铜质，面部、颈部及台座泥金，螺发饰蓝漆，顶饰宝珠，
双手禅定印托宝瓶，全跏趺坐于单层仰莲座上。像着
通肩袈裟，上错金银花饰。底部配工字形叠瑟式须弥座。
座底卷草纹五足，台座正面饰卷草纹，台座左右侧面
镂空处饰十字金刚杵，台座后有一插孔。

铜阿閦佛像

清（1644—1911 年）

通长 43.8 厘米，通宽 29.5 厘米，通高 59.1 厘米

铜无量寿佛像

清（1644—1911 年）

通高 19.6 厘米

铜鎏金无量寿佛像

清（1644—1911 年）

通长 12 厘米，通宽 8.8 厘米，通高 17 厘米

铜鎏金狮子吼观音菩萨像

清（1644—1911 年）
通长 18.3 厘米，通宽 12 厘米，通高 24.4 厘米

十一面四十二臂观音菩萨像

清（1644—1911 年）

通高 137 厘米，长 44 厘米，宽 38 厘米

铜质，面部、颈部泥金，十一面四十二臂。观音身披珞璎，下身着裙。主尊观音赤足立于莲台之上，主臂第一双手于胸前合十；第二双手上扬，左手持莲花、右手持葫芦；第三双手向外结期剋印；第四双手右手向下结与愿印、左手持净水瓶；其余辅臂呈扇面形分列像身两侧，手心皆饰一眼。头部分五层，一至三层各为三面，顶部两层为单面，除顶部头像饰发髻外，其余各头像饰五叶冠，头部配三环形火焰头光。莲台下为"亚"字形须弥座，中部由双狮撑托，双狮中间为十字金刚杵。

铜鎏金白度母像

清（1644—1911 年）

通长 22.6 厘米，通宽 16 厘米，通高 29.2 厘米

四臂智行佛母像

清（1644—1911 年）

通长 12.8 厘米，通宽 6.3 厘米，通高 22.3 厘米

雄威法帝护法

清（1644—1911 年）

长 15.1 厘米，宽 9.2 厘米，通高 20.2 厘米

雄威法帝护法是阎摩的眷属之一，常出现在阎摩的身边。阎摩
是藏传佛教格鲁派的主要护法之一。此像一面二臂，牛头，戴
骷髅冠，三目，火焰发，饰璎珞及鲜人首鬘。右手上举持骷髅杖，
左手持套索，左展姿立于牛背上，牛伏于莲座上，下压魔身。
红铜鎏金，鎏金明亮，细长且尖锐的莲瓣，圆角长方形台座，
封底十字交杵泥金均体现出扎什琍玛造像的典型特点。

三面六臂叶衣佛母像

清（1644—1911 年）

通长 10.5 厘米，通宽 6.4 厘米，通高 15.2 厘米

铜质，三面六臂，每面皆三目，面部、颈部泥金。发髻盘卷，头戴叶形冠，身披璎珞，丰乳细腰，身着叶状短裙。左侧手中持叶、弓、套索，右侧手中分别持斧、箭、金刚杵，左腿跪，右腿蹲，呈跪立姿于一趴卧的人体之上，下配椭圆形莲台。

尊胜佛母

清（1644—1911 年）

通高 44 厘米，长 31 厘米，宽 25.2 厘米

尊胜佛母系藏传佛教"长寿三尊"之一。此像三面八臂，每面皆三目，持物仅存宝瓶、金刚交杵与无量光佛，全跏趺坐于仰覆莲台上，莲座的莲瓣细密尖锐，鎏金明亮，上沿饰一圈莲珠纹。扎什伦布寺的扎什吉彩作坊擅长锤揲法银质造像，鎏金明亮，佛母面相青春，身姿婀娜，都是典型的扎什琍玛造像特征。

铜鎏金财宝天王

清（1644—1911 年）

通高 21.6 厘米，长 15.4 厘米，宽 10.2 厘米

财宝天王是藏传佛教重要的财富类护法神，一面二臂，
右手原应持胜幢，左手应托吐宝鼠，身躯肥胖，戴宝冠
及饰璎珞，坐于吼狮背上，下承单层仰莲座。造像鎏金
明亮，胎体厚重，莲瓣细密尖锐，背光为鎏金镂空花蔓
造型，尽显华丽。背光后涂红漆、封底十字交杵泥金，
体现出扎什琍玛造像的主要特征。

第二部分

浮　图　焕　彩

　　佛塔，又名浮图（梵语佛陀的音译），藏语称"曲登"。佛塔最初用来供奉舍利、经卷或法物。佛龛是供奉佛像、神位等的小阁子，如神龛等。清代宫廷佛教文化盛行，避暑山庄和外八庙内诸多佛塔、佛龛充分体现了皇室对佛教文化的重视与信仰，这些佛塔、佛龛精巧华美、巧夺天工，尽显皇室风采气韵。

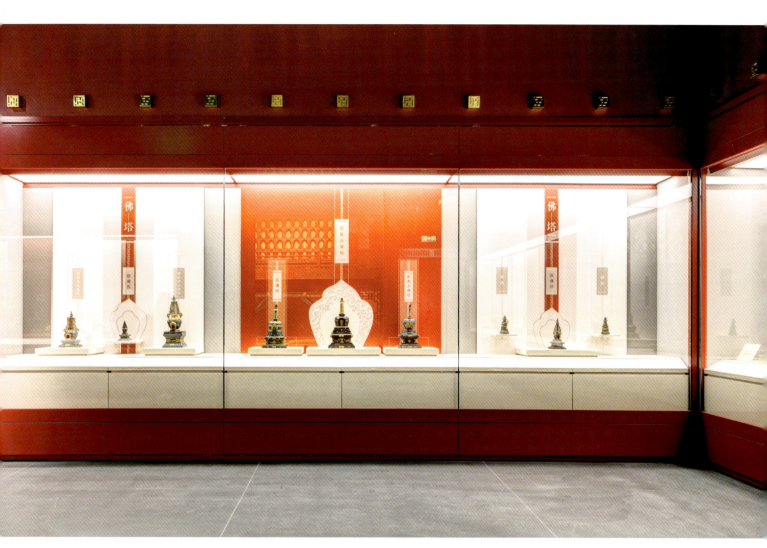

展厅内景

噶当塔

12—14 世纪

通高 17 厘米

噶当塔或称噶当觉顿式塔，据说是印度高僧阿底峡入藏弘法时传入的。因阿底峡是藏传佛教噶当派的首创者，便称阿底峡时期传入的佛塔类型为噶当塔。此塔最突出特征是没有须弥座，佛塔基座很矮，为一周覆莲，覆钵为摇铃形状或者圆筒状，由一周仰莲承托，塔瓶略微上收下侈，塔身相对较高，塔斗较大，为方形或者十字折角形，十三天粗壮，刹顶为类似莲花状的宝珠。外观朴拙，在风格上与犍陀罗风格佛塔相似。噶当塔对后弘期藏传佛塔的建造产生了深远影响。12—14 世纪，藏地普遍流行噶当塔。清宫珍藏的噶当塔以贡品居多。

银嵌石佛塔

清（1644—1911 年）

通高 41.2 厘米，通长 23.5 厘米，通宽 23.5 厘米

此塔为木胎包银皮，部分鎏金，有嵌石，喇嘛式佛塔。塔
身为覆钵式，中间嵌一龛门，内供一尊铜鎏金尊胜佛母。
塔座为"亞"字形须弥座，座沿上下装饰鎏金饰件并嵌绿
松石和红珊瑚，束腰四面嵌贴铜鎏金十字金刚杵及饰件。

粉彩瓷质佛塔

清（1644—1911 年）

白地粉彩佛塔：通高 41.7 厘米，座长 18.7 厘米，座宽 18.7 厘米

黄地粉彩佛塔：通高 42.5 厘米，座长 18.6 厘米，座宽 18.6 厘米

承德博物馆展出的粉彩瓷质佛塔包括红地、蓝地、白地、绿地、黄地等多种，高度一般在 40 厘米左右，由须弥座式的塔基、塔身和塔刹三部分组成。塔顶部为一个如意宝瓶；塔身一侧开有壶门，内中可放置佛像；最下面是须弥方座，方座中空，原放置佛经。此塔属供养类佛塔，常置于佛前供案上，以示观想。

六角重檐紫檀木佛龛

清（1644—1911 年）

长 26.4 厘米，宽 20.4 厘米，通高 43.6 厘米

木质佛龛，呈重檐六角方亭形。顶部雕刻两层飞檐，顶尖为宝瓶形。
佛龛三面开门，檐窗处雕刻二龙戏珠及祥云纹饰。龛内背板装饰墨
竹画《如如翠竹》及乾隆御笔对联："花香真实意，月影妙明心。"
佛龛配六角形束腰底座，底座雕刻仰覆莲瓣及云纹。

木金漆描金嵌玉六角亭式龛

清（1644—1911 年）

长 45.7 厘米，宽 35.5 厘米，通高 76.4 厘米

四足重檐佛龛。三层飞檐造型优美，四根细圆柱精巧秀丽。黑漆地满描细密优美的金色莲花纹、缠枝纹、卷云纹等图案，一丝不苟，精细入微。内壁板描八宝卷云，线条飞动，显示高超的金漆技术水平。

紫檀木葫芦九佛龛

清（1644—1911 年）

通长 14 厘米，通宽 6 厘米，通高 36.8 厘米

葫芦形，前后扁平，腰部系铜鎏金飘带。佛龛正面饰九个长方形龛门，上下四层，内供九尊铜鎏金无量寿佛。龛门四周阴刻描金缠枝花卉纹。佛龛下配长方形折角四足台座。

展厅内景

第三部分

祥　轮　永　驻

　　佛教法器，按功能大体可以分为礼敬、称赞、供养、持验、护魔、劝导六类。主要来源于宫廷造办处制造和西藏进贡，具有很高的宗教历史价值，反映了清朝皇帝和西藏宗教首领的密切往来以及清中央政府与西藏之间的紧密关系。

金刚铃

清乾隆（1736 — 1795 年）
口径 10.1 厘米，通高 17.8 厘米

此铃柄为银鎏金，铃为铜质。铃柄顶部是四只摩羯鱼组成的杵形，
其下为佛首。铃柄上镶嵌各色嵌石，阴刻年款。铃肩部刻覆莲
瓣，莲瓣中刻藏文六字真言，下为一圈金刚杵及连珠装饰垂幔，
沿铃口刻一圈金刚杵。铃内刻一六瓣莲花和一金刚杵。金刚铃，
用于警觉众生使之醒悟而得喜悦，是代表智德的法器，表明佛
智之体坚固，能摧破一切烦恼。

铜鎏金金刚杵

清（1644—1911 年）

通长 18.1 厘米

金刚杵是藏传佛教常用的一种法器。此件金
刚杵为铜质，通体鎏金。四面以四只魔羯鱼
自莲花瓣向外成四股集于顶端。

银鎏金錾花嘎巴拉碗

清（1644—1911 年）

通高 27.1 厘米，长 19.9 厘米，宽 19.6 厘米

嘎巴拉为梵语，是大悲与空性的象征。嘎巴拉碗由人头盖骨做成，又称
内供颅器，是藏传佛教常用法器之一。此件嘎巴拉碗由碗盖、碗体及碗
托组成。碗盖以一火焰宝珠为盖把，并刻金刚杵、八宝和卷草纹；碗体
由人头骨制成，内衬银鎏金里；碗托上部为三角形台座，三个角各有一
人头撑托，三面雕刻镂空火焰纹，碗托底座四周亦有火焰纹饰。

金釉五彩法轮

清乾隆（1736—1895 年）

通高 27.5 厘米

此器由上下两部分组成，通体施金釉。上部为桃形，饰连珠和卷草纹，中间饰菱形八辐宝轮，轮上点缀金釉五彩，下部为圈足单层莲座。莲座底部有方形年款。

喀章嘎

清（1644—1911 年）

通长 87 厘米

喀章嘎，又称天杖，是藏传佛教无上瑜伽部的法器，为诸多本尊及空行母所持。此件喀章嘎顶部自上向下饰有金刚杵、骷髅头、萎人头、鲜人头、宝瓶（缺失）、十字金刚杵，底部饰莲花尖头，杵上系黄条，两面书："铁鋄金喀章嘎一件，乾隆四十五年五月十四日造办处呈览。"此件法器系清宫造办处为须弥福寿之庙六品佛楼专门制作，供于红台西群楼第三间无上阴体品的法器箱中。这件喀章嘎采用铁鋄金工艺制作，满饰精细花纹，彰显了皇家的工艺水平。

铜鎏金转经筒

清（1644—1911 年）

底径 7 厘米，高 17.5 厘米

通体鎏金，圆柱形，筒罩四个椭圆形开光，内有转经筒，上刻六字真言、卷草纹、莲花纹，底部饰十字金刚杵，顶部有长条形纽。转经筒，亦称嘛呢转经轮，藏传佛教信徒人人持有，他们认为转经相当于念经，于是把写满藏文的经文装于经筒内，用手摇转，每转动一次就相当于念诵经文一次。

五供

清乾隆（1736—1795 年）

觚高 26.8 厘米，蜡台高 16.8 厘米，炉高 27.4 厘米

五供又称"五具足""五供养"，由一对花觚、一对蜡台
和一件香炉组成。此组五供为瓷质，外壁通体胭脂紫釉，
饰缠枝莲纹和八宝纹，内为松石绿釉，足沿一周蓝料彩回
纹，在觚颈部、蜡台中间承盘口外沿、炉口沿处有白地红
彩"大清乾隆年制"单行篆款。

展厅内景

在中华传统文化中，宗教影响博大深远。佛教文化是清代宫廷文化的重要
组成部分，无论是金碧辉煌的寺庙群、庄严肃穆的佛堂建筑，还是精美绝伦的
佛教艺术珍品，都昭示着清代帝王对佛教的尊崇。清王朝对藏传佛教等宗教信
仰的推崇，进一步加强了多民族国家的团结统一，具有深远的历史意义。

前言

凝固的时光

清代帝后生活展

THE FROZEN TIEM

LIFE EXHIBITION OF EMPERORS AND EMPRESSES IN QING DYNASTY

伍 — 凝固的时光

清代帝后生活展

清朝作为中国历史上最后一个封建王朝，经历12帝，国祚296年。先后7位清帝（或以皇子身份）驻跸避暑山庄共达158年之久。与金碧辉煌的紫禁城不同，避暑山庄内亭台殿宇、器服奇珍皆为帝王所好，代表着这一时代中国最高阶层的文化情怀、思想修养与审美情趣。

这些皇室遗珍，流光溢彩，工艺精湛，是重回清宫的密码，是一探皇家生活究竟的线索。

PREFACE

Being the final Imperial dynasty in China, the Qing Dynasty lasted 296 years and was ruled by twelve emperors, seven of whom once visited Chengde Mountain Resort. Different from the glorious Forbidden City, everything in the Mountain Resort from the grass to the treasures, were favored by the emperors and this represents the cultural sentiment and aesthetic consciousness of the top class of the time, making a profound impact on the society. The glorious and exquisite relics which were once used daily by the royal families provides us a clue to explore the life the emperors.

第一部分

锦 衣 华 服

清代服饰有着森严的规格制度，是"分等级，定尊卑"的重要标志。服装的款式、质地、纹样、色彩等，都代表着服用者不同的身份和地位。其中帝后服饰最具代表性，有礼服、吉服、常服、行服、戎服、便服等，以满足不同用途，并配以相应佩饰。清朝服饰在体现满族习俗特征的同时，沿袭了数千年传统形制，与中华民族服饰文化一脉相承。

展厅内景

酱色江绸织云龙龙袍

清（1644—1911 年）

袖距 208 厘米，身长 146 厘米，胸围 154 厘米，袖宽 24 厘米

此件龙袍酱色江绸面，织金彩绣云龙戏珠、团寿纹、蝙蝠纹、八宝纹、海水江崖和八宝立水纹饰，形制为通织，马蹄袖，左右开裾。龙袍，即皇帝的朝服，古时称帝王为九五至尊。九、五两数通常象征着高贵，每件龙袍都绣有九条金龙。

粉彩龙首带钩

清乾隆（1736—1795 年）

长 9 厘米，宽 2.9 厘米，厚 3.1 厘米

带钩呈"S"形，钩首为龙头状，龙头较窄且短，龙眼突出，隆鼻，龙发后卷，颈较窄。钩身以青白色、红釉为地，上绘粉彩缠枝莲图案，颈部绘有蝙蝠衔磬，背部有一圆纽。

金银丝编制缀宝石珠佛囊

清（1644—1911 年）

通长 5.5 厘米，通宽 2.5 厘米，通高 5 厘米

佛囊似桃形，缀满金银丝线。正面火焰纹珊瑚宝珠，中间饰
蓝宝石，中心为珊瑚珠组成的"佛"字。整个图案的上方和
背面是由黄绿宝石组成的祥云图案。佛囊内附黄色衬里，内
部有一装佛家宝物的内囊，两侧由黄色带子固定，与外层佛
囊可以随意抽拉，带子的头部由一颗大的珊瑚珠固定。

第二部分

雕　盘　绮　食

　　清宫饮食作为皇家生活的重要内容，在沿袭满族固有饮食特点外，还汲取了民间饮食之精华，把宫廷饮食文化发展到登峰造极的地步。清宫膳食包括日常膳食和各种筵宴。皇帝吃饭，称为传膳或用膳，每日进早、晚两膳。早膳多在卯正至辰正（6点—8点），晚膳则在午、未两时之间（12点—14点），两顿正餐之后，各加一顿小吃，时间则不固定。美食必有美器。清宫中所用餐具用料考究，极尽奢华，从金、银、玉、瓷到珐琅、翡翠、玛瑙、雕漆，件件式样别致精巧，纹饰华美，尽显皇家风范。

展厅内景

展厅内景

黄釉青花把莲纹盘

清乾隆（1736—1795 年）

口径 21 厘米，底径 14 厘米，高 4.5 厘米

斗彩八宝大盘

清乾隆（1736—1795 年）

口径 56 厘米，底径 31 厘米，高 8.5 厘米

敞口，斜腹，圈足。全器盘内图案分为四层，外壁通体绘缠
枝莲纹，足墙饰青花双线圈，底有"大清乾隆年制"青花篆
书款。此类大盘在清宫中曾被称为"五彩洋花八宝大盘"，
其器型硕大，富丽堂皇，釉质莹润，色彩鲜艳，尽显皇家气
派，为乾隆斗彩器中罕见之精品。

仿汝釉大碗

清乾隆（1736—1795 年）

口径 36 厘米，底径 15.5 厘米，高 14.9 厘米

撇口，斜腹，圈足，器形硕大周正，通体施汝釉，色
泽粉青，釉面密布细小开片。底足刷酱色护胎釉，底
有青花"大清乾隆年制"篆书款。

第三部分

一　日　万　几

　　清代帝王多勤勉，特别是清前期的几位帝王，每日理朝治政、召对臣工，可谓一丝不苟。理政有御门听政、常朝视事、批阅奏折、召见官员等多种形式，其中常朝视事最为普遍。避暑山庄内常朝一般设于正宫区澹泊敬诚殿，皇帝威坐正中，群臣行礼奏事。殿内陈设宝座、屏风、香筒、角端、仙鹤等器物，一派庄严肃穆，皇权神授之景象尽显无遗。

铜鹤蜡扦

清（1644—1911 年）

底座 43×32 厘米，高 133 厘米

仙鹤立于海水礁石底座之上，翅膀可开启，鹤嘴衔一支莲花蜡扦。鹤为长寿之禽，是我国传统的吉祥物。此类蜡扦成对使用，置于皇帝宝座前，寓意皇权万年。紫禁城太和殿与长春宫、颐和园乐寿堂、承德避暑山庄烟波致爽殿等多处殿堂，都在宝座前或殿外台阶上陈设有仙鹤蜡扦。

铜甪端熏炉

清（1644—1911 年）
高 33.2 厘米 长 20.5 厘米 宽 13.5 厘米

铜质甪端熏炉，以兽首为盖，兽身为炉，四足直立作器足。腹内空，填以香料，香气自甪端口散出。全器形制古朴隽秀，包浆厚实凝重，是书斋焚香礼拜之佳器。"甪端"为中国古代传说中的瑞兽，早在汉代的墓葬中即有此神兽形象之器物出土。以甪端为香熏约在明清时期流行，含有辟邪之意，在宫廷则象征皇帝圣明，八方归顺，四海来朝。

冬青釉双鱼鼓钉洗

清乾隆（1736—1795 年）
口径 17.3 厘米，底径 16 厘米，高 3.5 厘米

冬青釉是青釉派生釉色之一，起源于宋代的龙泉窑，清代冬青釉淡雅柔和，色浅者淡若湖水，色深者绿中泛黄，釉面凝厚。此洗为鼓式，通体施冬青釉，胎质细腻，温润似玉。器内壁饰双鱼纹，外壁饰一圈凸起的鼓钉纹，洗底暗刻"大清乾隆年制"篆书款。陈设于书房文案，清新静雅，古朴有致，是一件不可多得的御用文房佳器。

斗彩云纹水丞

清雍正（1723—1735 年）

口径 4.5 厘米，底径 6 厘米，高 5.5 厘米

天然青玉刻诗山子

清（1644—1911 年）

长 22.5 厘米，宽 8.5 厘米，高 17 厘米

青玉带皮，随意形，有玉瑕多处。玉山一侧面填金雕刻御制赤玉石子诗："两间粹气英华积，绛云一握光而泽。瑰宝非璜亦非璧，象同鸡卵融黄白。夏扶血勇面常赤，节士之贞介如石。"乾隆帝酷爱玉石，作有咏玉诗近 800 首，常命工匠将其御制诗句刻于玉作之上。

第四部分

暮　史　朝　经

　　按照清制，清帝自幼便接受严格的训练和良好的教育。皇子从 6 岁起入上书房，由学识渊博的翰林、大学士任师傅，学习满汉文化及弓箭骑射。亲政后，除了处理朝政、批阅奏章外，每天早晨诵读历代皇帝的圣训、实录等，下午学习诗文、书画及天文、数理、哲学、音乐、医药等，无论严冬酷暑，从不间断。

展厅内景

经畬书屋复原场景

铜鎏金掐丝珐琅炉瓶盒三式

清（1644—1911 年）
炉：高 15 厘米，腹径 10 厘米
瓶：高 10 厘米，腹径 5.5 厘米
盒：高 4 厘米，腹径 5 厘米

一套三件，由炉、瓶、盒组成。炉为三足、双耳、圆形炉。
瓶为圈足、长颈蒜头瓶，内插铲、箸。盒的盒盖与器身为子
母口套合，通身饰缠枝花纹。炉、瓶、盒三式一般为成组用具。
炉以燃香，盒贮香料，瓶内可插铲香灰所用的铲、箸，也可
把这三件摆放在几案上作为陈设品。

青玉镀金云蝠柄荷花灯

清（1644—1911 年）

口径 7.5 厘米，底径 12.3 厘米，高 24 厘米

青玉描金御制诗文碗

清（1644—1911 年）

口径 14 厘米，底径 6.8 厘米，高 6 厘米

青玉质地，圆形，撇口，圈足。外壁描金隶书乾隆御制《石榴》
诗一首："缥叶萋萋扶绛华，南薰照眼受风斜。月明庭院开生面，
碧水光天夜有霞。"碗内壁、外壁至足部有描金过枝花卉。

第五部分

宴　游　娱　乐

　　身为九五之尊的清代帝王，也有如寻常百姓般的消遣娱乐。清宫娱乐项目颇多，游船赏荷、投壶观棋、抚琴听戏、吟诗绘画、钓鱼逗狗等等，其中最让皇帝倾心的娱乐活动便是戏曲。清宫内有管理戏班的机构升平署，每逢节令，如立春、上元、寒食、浴佛、七夕、中元、中秋、重阳、冬至、祀灶、除夕、万寿等，都要上演与之有关的承应戏，足见清代皇家对戏曲的喜爱。避暑山庄内有清音阁戏楼及一片云戏楼，室内小戏台更多。

展厅内景

多媒体演示——清音阁《万寿节唱戏》荣获首届中国展览艺术与展示技术创意大赛特色展项类银展奖

天蓝釉开光夔龙耳轿瓶

清乾隆（1736—1795 年）

口径 5.5 厘米，底径 5.5 厘米，高 19.5 厘米

"轿瓶"又称挂瓶，通常用来装饰墙壁和轿壁，瓶内可插入各种时令鲜花、干花、绢花等。器型多样，大小不一，皆以瓶、尊、罐等缩样制作，瓶体好像从中间削开的半器，呈扁平式，瓶的背后均为平面，有孔可穿系。此瓶侈口，长颈，腹部半圆形，开光内绘粉彩牡丹纹，胭脂红釉底足。瓶底书红彩"乾隆年制"四字篆书横款。

铜鎏金掐丝珐琅出戟敞口瓶

清（1644—1911 年）

口径 28.5 厘米，底径 20.5 厘米，高 54 厘米

鼻烟壶

清（1644—1911 年）

黄料兽面纹鼻烟壶：高 7.5 厘米

玛瑙鼻烟壶：高 7.7 厘米

苔藓纹玛瑙鼻烟壶：高 6.6 厘米

鼻烟壶是指装鼻烟的容器，小巧精致，便于携带。鼻烟是一种烟草制品，原为西洋之物，明末清初自欧洲传入中国，且迅速地融入了中国艺术元素，发展出匠心独运的各式鼻烟壶，在清代美学工艺上大放异彩。

月令承应戏表

月令承应戏	
节令	演出剧目
元旦	《喜朝五位岁发四时》《祥曜三星》《椒柏屠苏》《放生古俗》《文氏家庆》 《五位迎年》《七璧献岁》《开筵称庆》《贺节诙谐》《寿山福海》
立春	《早春朝贺对雪题诗》
上元前一日	《悬灯顶庆捧爵娱亲》《景星协庆灯月交辉》
上元	《万花向荣御苑献瑞》《紫姑占福》
上元后	《海不扬波太平王会》
燕九	《圣母巡行群仙赴会》
花朝	《千春燕喜百花献寿》
寒食	《追叙绵山》《高怀沂水》
浴佛	《佛化金身光开宝座》《六祖讲经长沙求子》
端午	《灵符济世采药降魔》《祛邪应节》《蒲剑闲邪》
赏荷	《玉井标名》《御筵献瑞》
七夕	《七襄报章》《仕女乞巧》《银河鹊渡》
中元	《佛旨度魔魔王答佛》
中秋	《天街踏月憨儒拾桂》《丹桂飘香霓裳献舞》《会蟾宫》《广寒法曲》
重九	《九华品菊众美飞霞》《江州送酒东篱笑傲》
冬至	《彩线添长》《玉女献盆金仙奏乐》《金吾勘箭太仆陈仪》
腊日	《仙翁放鹤洛阳赠丹》《孤山送腊萧寺寻僧》
赏雪	《梁苑延宾兔图作赋》《寻诗拾画僧寮寒社》《谢庭咏絮香雪姻缘》
祀灶	《太和报最司命锡喜》《蒙正祭灶》
除夕	《善门集庆》《如愿迎新》《藏钩家庆瑞应三星》《金庭奏事锡福通明》 《贾岛祭诗》《南山归妹》《德门欢宴迎年献岁》《升平除岁彩炬祈年》

第六部分

宫　闱　深　处

　　根据康熙时确立的宫闱制度，后妃分为八个等级：其中皇后1名，居中宫，负责内治；下设皇贵妃1名、贵妃2名、妃4名、嫔6名，分居东西六宫；此外还有贵人、常在、答应三级，没有定数。宫苑深深，闱幕重重，宫中佳丽与帝王生活引今人好奇。一桌一椅、一床一榻、一花一镜、一巾一毯，临摹复原昔日帝后生活侧影。

展厅内景

青花轮花绶带宝月瓶

明永乐（1403—1425 年）

通高 31 厘米，口径 3.2 厘米，腹径 21.8 厘米

瓶为扁葫芦形，小口，束颈，颈两侧有带状双耳，
扁圆腹，椭圆形圈足。通体青花为饰，腹部外
围饰缠枝卷草纹一周，中间饰轮花图案。

黄杨木描金带彩什锦梳具

清（1644—1911 年）
盒长 29.2 厘米，宽 20.7 厘米，高 3.5 厘米
最大梳子长 17.8 厘米，宽 5.3 厘米，厚 1.1 厘米

此套梳具由 25 件组成，装在锦匣中。其中梳子九把、竹箆两把、剔
箆两把、胭脂棍两把、扁针两把、大小刷子八把。梳子有长方形，
梳齿达 60 个左右。另有月牙形梳、把梳、箆形梳。梳具的箆箕箆档
为牙质，箆架为木质，一些面部所需修饰用具则为象牙质地。

铜镀金镶银骑象人梳妆表

清乾隆（1736—1795 年）
通高 39 厘米，底 23×20.5 厘米

表身为塔楼形。底部为八角柱形，八面包裹着银镂空花纹、人像，八角挂铜铃，四脚装饰西洋人物支脚。中层四角分别由骑象人托起，正中为八棱形镀金镂空盒，以镶嵌的钻石为纽，盒内有剪刀、眉钳、耳挖等十余件梳妆用具。顶层立柱上站立四个人物，瓶花承托表盘，翼龙尖顶。此表以变形兽头四足承其底座，集实用、装饰于一体，异常精美。

青花云凤纹盘

清乾隆（1736—1795 年）

口径 16.3 厘米，底径 9.3 厘米，高 3.5 厘米

敞口，浅弧腹，圈足。通体满施白釉，釉质莹润，
釉面光亮。盘里心饰青花云凤纹，间饰云纹。底
有青花"大清乾隆年制"篆书款。

松石绿地粉彩描金葫芦瓶

清嘉庆（1796—1820 年）
口径 2.3 厘米，底径 5 厘米，高 18.5 厘米

通体松石绿釉，饰粉彩缠枝莲纹、如意头纹、蝙蝠
纹、寿桃纹，并以金彩勾边。底内凹，有金彩"大
清嘉庆年制"三行篆款。

　　历史的巨轮永不停息，消逝的清王朝与皇室贵胄在承德这片土地上留下了浓墨重彩的印记。壮
丽的宫殿、堂皇的陈设映现出昔日奢华的皇室生活。复原的宫殿局部陈设、日常用品的展示，为我
们揭开了中国最后一个王朝宫廷生活的神秘面纱，进而对两千多年来中国传统帝制和皇室生活有了
深入的认知。

参考文献

中国第一历史档案馆、承德市文物编:《清宫热河档案》,中国档案出版社,2003 年。

承德市文物局、天津大学:《承德古建筑》,中国建筑工业出版社,1982 年。

避暑山庄研究会编:《避暑山庄论丛》,紫禁城出版社,1986 年。

观想文物艺术有限公司:《清宫秘藏》,1999 年。

承德市文物局编:《避暑山庄 300 年特展图录》,中国旅游出版社,2003 年。

承德市文物局编:《紫塞珍萃》,文物出版社,2011 年。

戴逸主编:《简明清史》,人民出版社,1984 年。

王家鹏:《清宫藏传佛教文物》,紫禁城出版社,1998 年。

李景瑞主编:《承德古代史》,民族出版社,2009 年。

杜江主编:《承德历史考古研究》,辽宁民族出版社,1995 年。

杜江:《清帝承德离宫》,紫禁城出版社,1998 年。

杨天在:《避暑山庄》《普宁寺》,刊于《承德文史》,1986 年。

张占生、刘爱民:《承德外八庙》,地质出版社,1990 年。

齐敬之:《外八庙碑文注译》,紫禁城出版社,1985 年。

石林、春江:《承德览胜》,地质出版社,1983 年。

《承德民族团结清文化展览馆暨承德市博物馆展陈大纲深化》,华艺博展装饰有限公司、金大陆展览装饰有限公司,2018 年 8 月编印。

《须弥福寿:当扎什伦布寺遇上避暑山庄》,承德博物馆编展览图录。

《承德古代的灿烂文化,民族团结的中华史诗——记承德博物馆"和合承德"清盛世民族团结陈列展览》,河北新闻网 2020 年 6 月 11 日。

附录

一　　承德博物馆工作集锦

承德博物馆是集陈列展览、收藏研究于一体的多功能综合性博物馆，内设综合办公室、陈列部、宣教部、文物典藏部、学术研究部、开放部、安保物业部、文创产业部等业务部室。博物馆自筹建以来，克服了人员短缺、任务繁重的困难，全馆上下一心，团结一致，不忘初心，牢记文博人使命，比较圆满地完成各项工作。他们充满活力的身影，常常出现在展区中、馆舍内，其间洒下了辛勤的汗水，留下了串串脚印。博物馆的工作是扎实有效、丰富而生动的，下面撷取相关图片，以展示博物馆人奋进工作的精彩瞬间。

图 10

图 1　2020 年 5 月 18 日，"'和合承德'——清盛世民族团结展"荣获第十七届全国博物馆十大陈列展览精品推介精品奖

图 2　2020 年 9 月 16 日，故宫博物院、西藏自治区文物局、扎什伦布寺、承德市文物局联合举办"须弥福寿：当扎什伦布寺遇上避暑山庄"展览，此为开幕仪式

图 3　2021 年 7 月 30 日，承德博物馆、沈阳故宫博物院"玉寓吉祥"展览开幕仪式

图 4　2021 年 7 月 30 日，承德博物馆与沈阳故宫博物院签署战略合作协议

图 5　2020 年 12 月 31 日，承德博物馆理事会第一届第一次理事会议召开，承德博物馆向博物馆理事会成员颁发聘书仪式

图 6　2020 年 12 月 18 日，"DOU"来讲文物暨河北文博讲解案例推介活动迎来圆满收官，总结仪式在河北广电网络产业中心一号演播厅举行

图 7　2020 年 11 月 17 日，西藏阿里地区职业学校师生参观承德博物馆"须弥福寿——当扎什伦布寺遇上避暑山庄展"

图 8　2022 年 3 月 5 日，承德博物馆开展了"学习雷锋精神，做新时代好少年"主题活动

图 9　承德博物馆世界博物馆日活动，特殊教育学校学生表演舞蹈《大爱》

图 10　承德博物馆 2021 年 5·18 博物馆日优秀惠愿者颁奖仪式

图 11

图 12

图 13

图 14

图 15

图 16

图 17

图 11　承德博物馆开展"迎新送福写春联，装点年味剪窗花"为主题的文化
　　　　惠民活动

图 12　2020 年 9 月，"须弥福寿：当扎什伦布寺遇上避暑山庄"筹展现场

图 13　"凝固的时光——帝后生活展"展厅复仿制文物布展

图 14　2020 年 5 月 18 日，承德市著名书画家刘爱民先生向承德博物馆捐赠
　　　　书画作品

图 15　2020 年 11 月 12 日，承德博物馆举办文创论坛

图 16　文保、陈展等部门进行文物保护巡查工作

图 17　安保部对新入职员工进行展厅消防设备使用培训

图 18　每周二微型消防站培训演练

图 19　消防安全检查

图 20　鹿鸣讲堂举办专家讲座

图 21　承德博物馆鸟瞰

二　承德博物馆参观指南

承德博物馆位于承德市双桥区狮子沟桥交通节点东北角，北有安远路，西接普宁路，南邻狮子园路。其设计理念是在满足博物馆功用的前提下，力求与避暑山庄及周围寺庙乃至老城区相谐相融，达到历史纵深与自然空间的完美结合。为了便于观众参观游览，下面对博物馆主要建筑与功用进行介绍。

1. 主入口

主入口位于普宁路，即从安远路向西转入普宁路百余米，这里相对静谧，是一个能让人松沉下来、放慢节奏的区域，观者可以怀着平和心态进入到参观状态。

2. 钢构

从主入口拾级而上，可见一钢构建筑，其实际功用是"游客集散中心"。钢构呈圆形，高 5.85 米，直径 30.8 米，赭红色，由耐候钢板组成的不规则梯形、矩形拼焊搭接而成。在东、西、南、北各开一门，每门高 2.55 米，宽 3.82 米。其中从东门可看到承德著名景观磬锤峰、蛤蟆石及安远庙。西门正对馆区主入口，南门与主馆区正门相对，北门则通向为观众提供餐饮、休闲服务的配套服务区域。观众可以从各个方向汇聚于此，再通过此四门，选择下一个欲参观停留之地。钢构的外观设计，体现了中国传统宇宙观的图像"天圆地方"，反映了追求天地和谐的文化理念。

3. 主馆区

穿过钢构南门进入主馆区（共两层，地上地下各一层）。这里按功能划分为展厅、文物库房、多功能厅、文创品展示厅、附属用房、管理技术用房，并设有休息厅、安检区、存包处等公共服务空间。

主馆区呈正方形，高、宽皆为 40 米，采用承德绿石材砌筑而成。如果俯视主馆区，会发现其屋顶呈"回"字形，中心空井呈马蹄形，此灵感来自外八庙建筑中的"都纲法式"，并在展厅细部得到充分使用，如馆区内的门把手外形、一层中间水景池、外部庭院等。

在主馆区的南北两侧还有两座配套建筑，分别设有餐厅、咖啡厅，可以满足观众在博物馆参观期间的餐饮需求。

图 22　承德博物馆主入口

图 23　承德博物馆钢构与磬锤峰

图 24　俯视主馆区

图 25　主馆区内景

图 26　主馆区马蹄形天井

图 27　博物馆馆区墙体

图 28　主馆区南侧

4. 景观水池与旱河

馆区内共有四个景观水池，分置在主展厅入口两侧、一层马蹄形空井及梨树坡东侧。有旱河一条，流经博物馆，长度为409米。水的注入为博物馆增加了无限灵动之气。

5. 庭院

博物馆建筑设有多个庭院，如主馆区首层马蹄状室外庭院、地下一层的下沉庭院等。首层出挑的庭院内设计有浅水池，突出了安静的园林氛围。参观者可以透过展馆玻璃，欣赏到春、夏、秋、冬四时之景。特别是冬日里，可将皑皑雪景引入室内，带来不一样的韵味。展厅内屋顶天窗，配合格扇，引入天光，使得博物馆更加贴近自然，增加野趣。开敞的庭院，使地下一层的空间直达室外，提供了良好的采光及通风。再配置以绿化景观，大大减弱了常规地下空间的封闭感。

地下一层下沉庭院在解决参观人员安全疏散的空间需求外，种植油松等承德避暑山庄特有的乔木，将皇家园林特色引入庭院之内。

6. 观景平台

博物馆处于避暑山庄及周围寺庙的核心景区视线范围内，北侧为普宁寺，东侧为磬锤峰及蛤蟆石，南侧为避暑山庄主景区、北枕双峰、南山积雪和舍利塔，与各个景点形成"看与被看"的丰富空间关系。与博物馆西北门相对，邻近停车场的观景平台也被设计参与到游览路线中，游客可通过错落有致的台

图28

图 29

图 30

图 32

图 34

阶，到达观光平台，可以从不同角度欣赏众多景区美景，对各个景区的空间位置关系留下完整和深刻的印象，成为游客了解承德众多名胜古迹的窗口。

7. 植物景观配置

博物馆馆区内外种植十余种木本、草本植物，包括油松、落叶松、梨树、国槐、白蜡、蒙古栎、银杏、木槿等。其中大部分为适合北方生长的乔木，不畏风雪严寒。植物色调与博物馆建筑相协调，为馆区增添了勃勃生机。

（1）油松树阵：位于钢构西北侧，由 10 棵油松组成。灵感来自避暑山庄澹泊敬诚殿前的落叶松林。澹泊敬诚殿是清帝临朝理政、举行重大庆典之所，相当于北京的太和殿。其殿前散置数十棵古松，使宫殿区显得更加庄严静穆。

（2）梨树坡：位于观景平台南侧坡地，有 300 余株梨树，花期紧接着周围的杏花，可谓承德博物馆的报春花。

（3）落叶松："睹松竹则思贞操"，在中国传统文化中，"松"被赋予"君子""贞德"等高贵品格与寓意。承德博物馆的落叶松高大挺拔，冠形丰美，根系十分发达，有着顽强的生命力，也是

图 31

图 33

图 29　文创展示中心内景

图 30　咖啡厅内景

图 31　马蹄形天井与景观水池

图 32　博物馆下沉庭院景观

图 33　承德博物馆与周边建筑的对景关系

图 34　文津书房内景

文博人百折不挠的精神象征。

（4）国槐：分植于博物馆馆区内外，数量达百棵。此树生命力旺盛，被古人视为祥瑞的象征。

（5）银杏林：位于博物馆西北门入口处，数量近百棵，特别是在秋季，一片金黄。作为一种古老的物种，银杏树龄甚至长于松柏，是长寿的象征。

（6）白丁香：丁香是春季重要的芳香类花卉，在我国已有一千多年的栽培历史，在佛教寺院中，丁香也被称为菩提树，被赋予佛教文化内涵，是吉祥光明的象征。

总之，承德博物馆的建筑形制、园林配置与避暑山庄及周围寺庙、山山水水有机融合，外观简洁、沉稳、大气，色调古朴、淡雅、清新，不仅是承德这座历史文化名城的核心文化区域与"靓点"，还是集文化、休闲、游赏于一体的重要组团。

承德博物馆欢迎您！期待共享文化盛宴，徜徉精神家园！

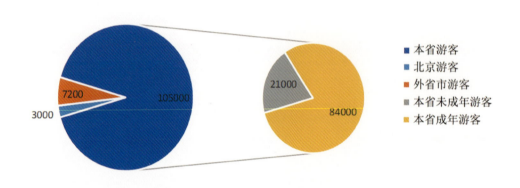

图35　承德博物馆观众数量统计图

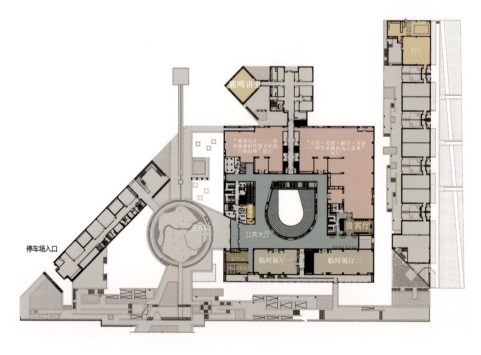

图36　承德博物馆地上一层平面图

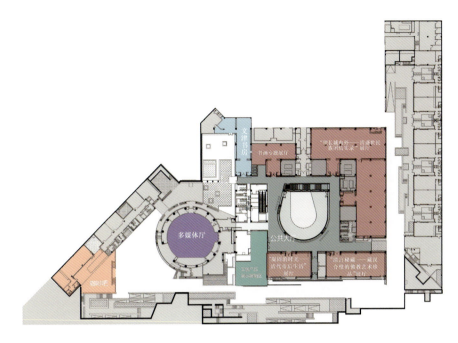

图 37　承德博物馆地下一层平面图

开放时间：每周二至周日 9：00—17：00，16：00 后停止进馆。

休　馆　日：每周一（法定节假日除外）

温馨提示：

1.观众朋友可通过承德博物馆官方公众号进行预约，选择参观日期，预约成功后凭手机生成二维码配合身份证及"河北健康码"入馆参观。

2.团队参观请提前 1 至 3 天电话预约（电话：2379999），参观时凭单位介绍信或旅行社任务派单到服务中心办理参观手续。未经提前预约参观的团队，不保证进馆资格。

3.60 周岁以上老年人、医务工作者和军官证、士兵证、退役士兵优待证、省市级劳动模范证、记者证、残疾证持有者，无需预约，凭有效证件直接入馆参观。

4.具体进馆须知以承德博物馆官方发布的最新公告为准。

承德博物馆地址：承德市狮子沟桥交通节点东北角

电话：0314-2379999

官网：www.chdmuseum.cn

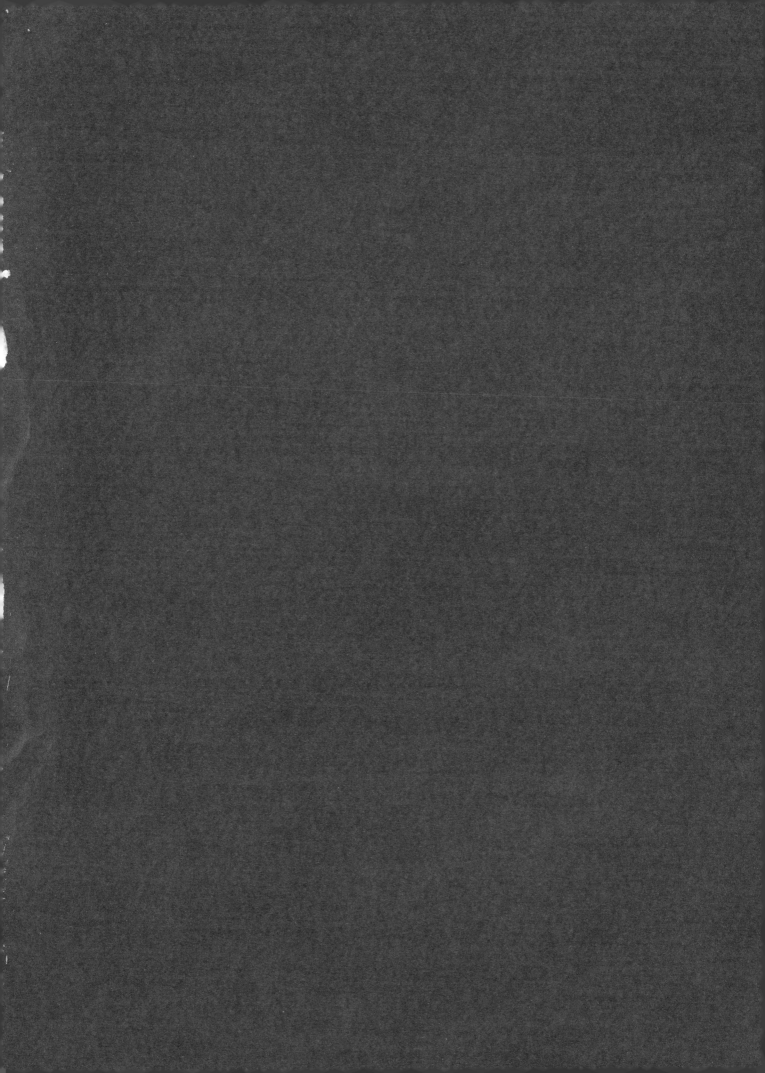